Menschen in Rot

Die Geschichte eines Stuttgarter Stadtteils in Lebensbildern

Silberburg-Verlag

Gedruckt mit Unterstützung
der Stiftung zur Förderung der Jugend in Baden-Württemberg

1 2 3 4 5   99 98 97 96 95

© Copyright 1995 by Silberburg-Verlag Titus Häussermann GmbH, Tübingen.
Alle Rechte vorbehalten.
Redaktion: Monika Holzinger.
Umschlagfotos: Siegfried Fischer (1), Martin Frey, beide Stuttgart.
Druck: Difo-Druck GmbH, Bamberg.
Printed in Germany.

ISBN 3-87407-217-7

Inhalt

Vorwort

Es ist bedeutsam, daß hier die Geschichte des Stadtteils Rot so aufgearbeitet wird, daß die Menschen, die in Rot eine neue Heimat gefunden haben, im Mittelpunkt der Darstellung stehen. Dabei sind die verschiedenen Phasen der Entwicklung des Stadtteils und die dazugehörenden Etappen der Ansiedlung bestimmter Bevölkerungsgruppen besonders berücksichtigt. Bei aller Verschiedenheit verbindet die aus ganz unterschiedlichen Gegenden und Ländern und zu unterschiedlichen Zeiten nach Rot gekommenen Menschen doch eine frappierend ähnliche Lebensgeschichte. Dies ist im Buch sehr eindrucksvoll dargestellt.

Die Geschichte von Rot ist wesentlicher Bestandteil der neueren Zuffenhäuser Geschichte. Zwar wurde Rot von Zuffenhausen aus geplant und aufgebaut, doch bildet der Stadtteil kein bloßes Anhängsel des größeren Stadtbezirks, sondern hat eine eigene Identität entwickelt.

Das Buch macht deutlich, daß die Integration der jeweiligen Neuankömmlinge nicht auf den wirtschaftlichen Aspekt reduziert werden kann. Neben dieser sicher notwendigen Seite spielen die kulturellen Traditionen der neu Dazugekommenen eine wichtige Rolle. Dies ist bisher zu wenig beachtet worden. Es ist das Verdienst der Autorinnen und Autoren dieses Buches, daß es nicht, wie sonst üblich, aus der Sicht der aufnehmenden Gemeinde die Situation beleuchtet, sondern sozialpsychologische, mentalitätsgeschichtliche, volkskundliche und religiöse Gesichtspunkte miteinbezieht. Dies führt zum besseren Verständnis der Menschen untereinander – im Stadtteil Rot wie im Stadtbezirk Zuffenhausen, der im Verlauf seiner Geschichte immer aufgeschlossen für Zuwanderer war. Dies drückt sich auch im Namen aus: Zuffenhausen kommt von »Offenhausen«, was so viel wie »offenes Haus« bedeutet.

Daß das vorliegende Buch diese Zusammenhänge erhellt, dafür gebührt allen, die daran mitgewirkt haben, Dank und Anerkennung.

Stuttgart-Zuffenhausen, im Juni 1995   *Wolfgang Meyle, Bezirksvorsteher*

Zu diesem Buch

Dieses Buch will mehrerlei. Zunächst einmal will es Aufschluß geben über die Entstehung des Stadtteils Stuttgart-Rot und darüber, wie er sich entwickelt hat.

Zwar gibt es hierüber bereits einige Abhandlungen[1], doch schildern diese Darstellungen die Entwicklung des Stadtteils aus der Perspektive Zuffenhausens. Auch wenn Rot, historisch gesehen, aus seinem viel älteren westlichen Nachbarstadtteil herausgewachsen ist, verdient es nicht, an den Rand der Betrachtung zu geraten und so bestenfalls nachrangige Bedeutung zu erlangen.

Neu an diesem Buch ist daher der Versuch, aus der Perspektive des Stadtteils Rot selbst seine Entwicklung zu betrachten, Rot also gleichsam in die Mitte zu nehmen und von dieser Mitte aus zu blicken.

Das ist die ganz andere Perspektive konkreter Menschen. Viele von ihnen leben seit Jahrzehnten hier, andere sind erst in jüngster Vergangenheit hierher zugezogen, sehen Rot aber doch als *ihren* Stadtteil an. Was sind das für Menschen, die heute hier leben? Was bringen sie an Lebenserfahrungen, was an Lebensgeschichten mit? Wie sehen sie den Stadtteil, in dem sie leben, was verbindet sich für sie mit ihm?

Das Buch will also Menschen aus Rot zu Wort kommen und sie ihre Lebensgeschichten erzählen lassen.

Den Leserinnen und Lesern wird es gehen wie uns während der Arbeit an diesem Buch. Sie werden mit einigem Erstaunen wahrnehmen, wie sehr sich diese Lebensgeschichten doch gleichen, und auch die Erzähler selber werden Teile ihres eigenen Lebens in der Geschichte der anderen wiederfinden.

Die Menschen in Rot verbindet bei aller Verschiedenheit ihrer Herkunft und der Umstände ihres Hierherkommens mehr, als sie auf Anhieb wohl dachten.

Alle haben sie als Fremde mit dem Leben hier neu angefangen, und dies oft nicht freiwillig, sondern gezwungenermaßen. Was haben sie zurückgelassen, was hier vorgefunden? Dieses Buch will auch dazu beitragen, daß sich die Menschen am Ort ineinander wiederentdecken, sich miteinander identifizieren, anstatt sich voreinander zurückzuziehen und voneinander abzugrenzen.

Wir wollen mit diesem Buch einen Beitrag leisten zum Gespräch auch zwischen den Generationen. Es will schon etwas heißen, wenn sich Jugendliche aufmachen, um Erwachsene, Ältere und ganz Alte, die sie seither nicht kannten, zu Hause aufzusuchen und nach ihren Lebenserinnerungen zu befragen. Und es will umgekehrt nicht weniger heißen, wenn diese Alten den ihnen gänzlich unbekannten jungen Leuten ihre sehr persönlichen Lebensgeschichten erzählen, so erzählen, wie sie es in Erinnerung haben.

Da ist viel Vertrauen und Mut zur Offenheit nötig. Nur im Wagnis kann Verständnis füreinander wachsen.

Nicht wenig überrascht hat uns, mit wieviel Engagement, Ausdauer und Akribie die zehn Schüler und Schülerinnen der Klassen neun und zehn des Ferdinand-Porsche-Gymnasiums zur Sache gingen und bei der Sache blieben. Den Rahmen dafür bot eine Arbeitsgemeinschaft, zu der wir uns in meist wöchentlichem Turnus trafen.

Lebendiges und lebensbezogenes Lernen ist ein weiteres Ziel, das wir mit dem Entstehen dieses Buches verfolgt haben. Keiner trägt wirklichen Nutzen davon, wenn im Unterricht theoretisches Wissen erworben, irgendwann abgehakt und wieder vergessen wird. Anders verhält es sich mit einem Lernen, das die Begrenzung der Schule hinter sich läßt und ins Leben vordringt. So allein wächst wirkliches Verstehen, so wird die Bedeutung von Schule und Lernen einsichtig, so wird Lernen als lebenswichtig erlebt.

Dafür, daß dieses Buch zustandekommen konnte, haben wir vielfach zu danken. Allen voran denen, die bereit waren, sich befragen zu lassen oder ihre bereits schriftlich vorliegenden Materialien zur Verfügung zu stellen; sodann unseren Schülerinnen und Schülern für ihr außergewöhnliches Interesse und Engagement; desweiteren Herrn Dr. Mathias Beer vom Institut für Donauschwäbische Geschichte und Landeskunde, Tübingen, und Herrn W. Rees, Zuffenhausen, für die fachliche Beratung und das Überlassen von Beiträgen; schließlich Herrn Bezirksvorsteher Wolfgang Meyle für das Verfassen des Vorworts sowie Herrn Schulleiter

E. Hönes für die vielfältige Unterstützung bei der Realisierung des Projekts.

Für die unbürokratische finanzielle Beihilfe zum Projekt danken wir der »Stiftung zur Förderung der Jugend in Baden-Württemberg«.

Besonders herzlich möchten wir uns bei Herrn Titus Häussermann und seinen Mitarbeiterinnen vom Silberburg-Verlag bedanken.

Stuttgart-Rot, im Juni 1995   *Margarete Baxmann,*
Lehrerin am Ferdinand-Porsche-Gymnasium

Martin Frey,
Pfarrer an der Auferstehungskirche

1 Zuffenhausen einst und heute, hrsg. vom heimatgeschichtlichen Arbeitskreis Stuttgart-Zuffenhausen, o. J.
Zuffenhausen im Wandel der Zeit, zusammengestellt von K. Hetschel, Stuttgart-Bad Cannstatt, o. J.
Man fährt hinab nach Zuffenhausen, hrsg. von Reinhard Heinz, Stuttgart-Zuffenhausen, 1983.

Teil 1

Menschen in *Rot*

Zur Entstehung und Entwicklung des Stadtteils

Von Martin Frey

Fragt man die Leute auf der Straße, seit wann es den Stadtteil Rot eigentlich gibt, so bekommt man für gewöhnlich zur Antwort: »Seit nach dem Krieg.«

Manche wissen sogar ganz präzise, daß 1949 die ersten Wohnblöcke errichtet wurden.

Die Frage der zeitlichen Datierung Rots ist damit freilich nur sehr grob beantwortet, und die Antwort trifft auch nur auf die im Stadtteil vorherr-

Luftaufnahme aus dem Jahre 1963

17

schende Bebauungsform des Wohnblocks zu. Diese im wesentlichen drei- bis fünfgeschossigen Gebäude sind tatsächlich ab 1949 in rascher Folge errichtet worden, so daß bereits gegen Ende der fünfziger Jahre die Entwicklung des Stadtteils nahezu abgeschlossen und eine Gestalt erreicht war, die der heutigen weitgehend entspricht.

Dennoch stellt die Bebauung nach dem Krieg erst die letzte Phase der baulichen Entwicklung Rots dar.

Dies wird deutlich, wenn man von der geographischen Ausdehnung des heutigen Stadtteils ausgeht. Er wird im Norden durch den Feuerbach nach Zazenhausen hin begrenzt. Im Osten trennt die zwischen Kornwestheim und Bad Cannstatt verlaufende Güterbahnlinie Rot vom später entstandenen Stadtteil Freiberg. Schnarrenberg, Burgholz und Winterhalde grenzen Rot in südlicher Richtung ab, ebenso die Schozacher Straße bis zur Kreuzung Haldenrainstraße und dann die Haldenrainstraße in Richtung Zuffenhausen selber. Nach Westen hin markiert wiederum der Feuerbach im Bereich der Anlagen unterhalb des Stadtbads die Grenze zu Zuffenhausen.

Die Malbergsiedlung

Fragt man nun nach der ersten planmäßig erfolgten Bebauung größeren Ausmaßes, so stößt man zunächst auf ein mit dem Flurnamen *Malberg* bezeichnetes Gebiet. Die Bebauung dieses ehemaligen Steinbruchgeländes beginnt im Jahre 1928 mit der Errichtung von vier jeweils dreigeschossigen Gebäuden mit zusammen 24 Wohnungen. Es handelt sich um die Gebäude Pliensäckerstraße 2 bis 8, die damit sozusagen als Keimzelle des gesamten Stadtteils angesehen werden können. Im Zeitraum bis 1935 wurden drei weitere Gebäude errichtet. Auch diese gibt es heute noch, sie tragen die Hausnummern 18 bis 22. (Auf dem rechts abgebildeten Plan sind dies die drei oberen, diagonal versetzten Gebäude.) Nicht mehr vorhanden ist dagegen eine größere Anzahl von zum Teil festen, teilweise aber auch provisorischen Bauten westlich der Pliensäckerstraße bis hin zum Feuerbach.

Hintergrund der Bautätigkeit im Bereich Malberg war die nach dem Ersten Weltkrieg aufgetretene große Wohnungsnot. Von 1910 bis 1925

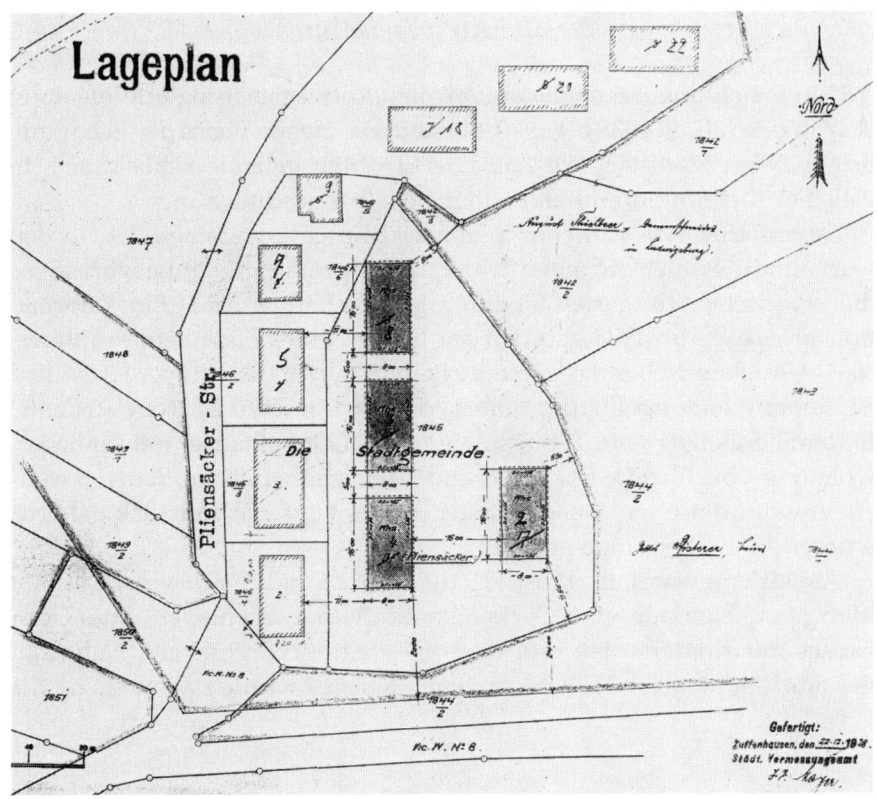

Lageplan der Malbergsiedlung von 1928. Die dunkel markierten Gebäude (Pliensäcker-straße 2, 4, 6 und 8) wurden alsbald errichtet, die angedeuteten Häuser (Pliensäckerstraße 1, 3, 5, 7, 9, 18, 20 und 22) befanden sich in Planung.

hatte die Bevölkerung Zuffenhausens um etwa 3000 Einwohner zuge-nommen[1]. So gut sie konnte, errichtete die damals noch selbständige Gemeinde Zuffenhausen Wohnraum. Da die Gebäude am Malberg hauptsächlich von ärmeren Leuten und kinderreichen Familien bewohnt waren, genoß diese Gegend in den bürgerlichen Kreisen Zuffenhausens keinen besonders guten Ruf. Zum negativen Beigeschmack im buchstäb-lichen Sinne trugen außerdem die städtischen Latrinengruben und die Stallungen des Gemeindebocks bei, die sich in der Nähe der Häuser des Malbergs befanden.

Die alte Rotwegsiedlung

Die Errichtung der sogenannten alten Rotwegsiedlung erfolgte dann in den Jahren 1938 bis 1940. Sie stellt die zweite Phase der Bebauung des späteren Stadtteils Rot dar. Das Siedlungsgelände schließt sich in östlicher Richtung unmittelbar an die Malbergsiedlung an.

Da im Jahre 1931 Zuffenhausen nach Stuttgart eingemeindet worden war, nimmt es nicht wunder, wenn als Träger des Siedlungsvorhabens die städtische Stuttgarter Siedlungsgesellschaft auftrat. Ein Informationsprospekt von 1938 gab den am Erwerb eines Eigenheimes Interessierten Auskunft über das geplante Bauvorhaben. Erstellt werden sollten 32 Einfamiliendoppelhäuser vom Typ A, 36 vom Typ B, 26 freistehende Einfamilienhäuser vom Typ C sowie sieben Doppelhäuser mit Einliegerwohnung vom Typ D. Die insgesamt 101 Eigenheime, zu denen jeweils ein etwa fünfhundert Quadratmeter großes Gartengrundstück gehörte, wurden in rascher Folge gebaut.

Außerdem war laut Prospekt die Errichtung einer Wirtschaft mit Metzgereiniederlage, einer Bäckerei mit Kolonialwarenladen, eines Dorfhauses mit Kindergarten und eines HJ-Heimes vorgesehen[2]. Aufgrund des am 1. September 1939 begonnenen Krieges wurde davon einzig die

Lageplan der Eigenheimsiedlung am Rotweg

Bäckerei mit Lebensmittelladen fertiggestellt. Vom geplanten Dorfhaus blieb das Untergeschoß im Rohbau stecken. Nicht erstellt wurde damals der Kindergarten. Auch die Wirtschaft mit Metzgerei und das Heim der »Hitlerjugend« wurden nicht errichtet.

An der Frage, welcher Personenkreis bei der Vergabe der Eigenheime denn zum Zuge kam, erhitzen sich bisweilen noch heute die Gemüter. In den »*Allgemeine(n) Richtlinien für die Kleineigenheime am Rotweg im Stadtteil Zuffenhausen vom Februar 1938*«, die der Bauträger aufstellte, ist hinsichtlich der Vergabe der Eigenheime geregelt, daß vor Bezug des Eigenheimes mindestens ein Teil des Bewerberehepaares drei Jahre lang ununterbrochen in Stuttgart wohnhaft gewesen sein mußte. Außerdem hatte das Bewerberehepaar über Eigenkapital zu verfügen, das auf eine bestimmte Größenordnung festgesetzt wurde. Ferner war für die Vergabe maßgeblich:

> Die Bewerberfamilie muß ehrbar, rassisch wertvoll, gesund, vor allem erbgesund, nicht zu alt, arbeitsfreudig, zur Siedlung geeignet und politisch zuverlässig sein sowie in gutem Ruf stehen. [...] Die Ehefrau soll nach Bezug des Eigenheims grundsätzlich nicht mehr berufstätig sein. Unter sonst gleichen Verhältnissen werden Frontkämpfer, bewährte Kämpfer für die nationale Erhebung, Opfer des Krieges und Bewerber mit mehreren, unter 16 Jahre alten Kindern bevorzugt berücksichtigt.

Außerdem heißt es in den Vergaberichtlinien:

> Die Siedlungsgesellschaft trifft auf Grund der eingereichten Bewerbungen nach entsprechender Eignungsprüfung die Auswahl unter den Bewerbern. Soweit Angehörige der SS als Eigenheimbewerber auftreten, hat der Führer des SS-Abschnitts X hier bei der Auswahl maßgeblich mitzuwirken. Die Siedlungsgesellschaft teilt die Eigenheime mittels Verlosung zu. [...] Für Einzelfälle bleibt die Zuteilung einzelner Eigenheime durch die S.G. [= Siedlungsgesellschaft; M. F.] vorbehalten.

Man kann somit annehmen, daß zwar nicht ausschließlich, aber doch zu einem erheblichen Teil Angehörige der SS und anderer NS-Parteigliederungen sowie der Gestapo bei der Vergabe der Eigenheime zum Zuge kamen. Fest steht, daß das Siedlungsvorhaben insgesamt von seiten der örtlichen SS vorangetrieben und trotz der allgemeinen Kriegsvorbereitungen und der dadurch gebundenen Mittel zur Durchführung gebracht

Einfamiliendoppelhaus des Typs B

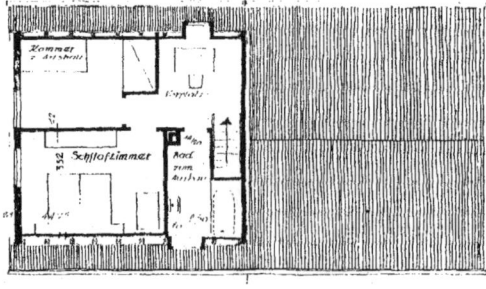

Untergeschoß   Erdgeschoß

Dachgeschoß

22

wurde.[3] Bereits die Benennung der Straßen der neu errichteten Siedlung kann einen Hinweis auf die Hintergründe geben. So hieß die heutige Löwensteiner Straße damals König-Heinrich-Straße »nach König Heinrich l. (876 bis 936), dem eigentlichen Begründer des Deutschen Reiches«; die heutige Gemmrigheimer Straße hieß Otto-Planetta-Weg »nach dem ostmärkischen Freiheitskämpfer Planeta († 1934)«; der heutige Völterweg trug den Namen Franz-Holzweber-Weg »nach dem ostmärkischen Freiheitskämpfer Franz Holzweber († 1934)«; die heutige Talheimer Straße hieß Wilhelm-Neth-Weg »nach dem oberschwäbischen HJ-Führer Wilhelm Neth († 1933)«. Der heutige Franckeweg schließlich trug die Bezeichnung Adolf-Kling-Weg »nach dem um den Aufbau der NSV [Nationalsozialistische Volkswohlfahrt] in Württemberg verdienten Gauamtsleiter der NSV Adolf Kling«.[4]

Verständlich ist, daß nach dem »Zusammenbruch« des NS-Regimes die Hintergründe der Entstehung der alten Rotwegsiedlung verschleiert werden sollten. So nimmt es nicht wunder, wenn immer wieder behauptet wird, diese Siedlung werde »fälschlicherweise« als SS-Siedlung bezeichnet.[5] Historische Fakten sprechen freilich eine unzweideutige Sprache. Daß der noch heute im alltäglichen Sprachgebrauch der Leute in Rot verwurzelte Name »SS-Siedlung« der früheren offiziellen Funktion sehr nahekommt, wird durch Akten und behördlichen Schriftverkehr aus der damaligen Zeit gestützt. So wird etwa in einem Schreiben des Arbeitsamtes Stuttgart von 1937 die Bezeichnung »Eigenheimsiedlung für Schutzstaffelmänner und alte Parteigenossen in Zuffenhausen, Am Rotweg« gebraucht.[6]

Im Sommer 1945 wurde die Rotwegsiedlung, deren Häuser aufgrund der Luftangriffe zwar beschädigt, aber nur zu einem geringen Teil zerstört worden waren, von der französischen Militärregierung beschlagnahmt, um darin ehemalige Zwangsarbeiterinnen und -arbeiter unterzubringen. Diese wurden im damaligen Sprachgebrauch »Displaced Persons« (DPs) genannt. Etliche davon waren aus Konzentrationslagern befreit worden.[7] Waren vielleicht sogar Zwangsarbeiter darunter, die zuvor im Lager auf der Schlotwiese oder in anderen Zuffenhäuser Fremdarbeiterlagern einquartiert waren? Eine Sterbeliste der im KZ Welzheim umgebrachten Häftlinge enthält Hinweise auch auf Zwangsarbeiter von Zuffenhausen.[8]

Eine Statistik der UNRRA (United Nations Relief And Rehabilitation Administration), die mit der Versorgung und Rückführung der DPs in ihre Heimatländer betraut war, gibt für den 7. Dezember 1946 als Einwohnerbestand der unter Lagernummer 669 geführten Rotwegsiedlung die Zahl von 586 Polen, fünf polnischen Ukrainern und einer staatenlosen Person an. Zum Zeitpunkt der Räumung der Siedlung am 27. Juni 1947 waren noch etwa 250 dieser Menschen dort wohnhaft. Sie wurden in die ebenfalls im Bereich des heutigen Stadtteils Rot gelegene Grenadierkaserne verlegt.[9] Für die meisten von ihnen geschah dies gewiß gegen ihren Willen. So ist es bei ihrem Auszug aus den Häusern der Rotwegsiedlung wie auch schon vorher zweifellos zu Demolierungen und zur Entwendung von Hauseinrichtungen gekommen.

Nach der Räumung kehrte die Mehrzahl der ursprünglichen Eigentümer in ihre Häuser zurück. Bei der Wiederbelebung der Häuser durch politisch belastete Eigentümer kam es zu heftigen, in der Öffentlichkeit ausgetragenen Auseinandersetzungen. Auf dem Rechtsweg konnten die betreffenden Eigentümer die Rückgabe ihrer Häuser schließlich durchsetzen.[10]

In diese zweite Phase der Bebauung des späteren Stadtteils Rot gehört die an der heutigen Schozacher Straße gelegene und im Jahre 1940 fertiggestellte Grenadierkaserne. Bald nach Kriegsende wurde sie ebenfalls als Lager hauptsächlich für russische und polnische DPs genutzt. Am 2. Juni 1945 kamen vor ihrem Eingang drei Frauen und drei Männer zu Tode, und nur das Heranrücken von französischer Polizei verhinderte, daß »weitere fünf Deutsche von erregten Russen umgebracht wurden«[11].

Die Erinnerung an betrunken in der Gegend herumstreunende und dabei zu Gewalttaten neigende ehemalige Zwangsarbeiter ist bis heute wachgeblieben. Aus den Erzählungen spricht neben dem Schrecken, den diese unter den Einheimischen verbreiteten, hie und da aber auch eine Spur von Verstehen dessen, was diese Menschen so verrohen und in ihrem Unrechts- und Rechtsempfinden so abstumpfen ließ: Es war ihr eigenes, jahrelanges Ausgeliefertsein an die Entrechtung, die Gewalt und die Entmenschlichung in den deutschen Zwangsarbeiterlagern. Vor der Schließung des Lagers im Jahre 1950 lebten noch über 1200 Ukrainer in der Grenadierkaserne, von wo aus sie bis zu ihrer endgültigen Ausreise aus Deutschland in andere Lager überstellt wurden.[12]

Die Bebauung ab 1949

Das Jahr 1949 markiert den Beginn der dritten und vorerst letzten Phase der Bebauung des heutigen Stadtteils Rot. In ihrem Verlauf hat der Stadtteil seine ihn prägende Gestalt erhalten. Noch im Dezember desselben Jahres konnte der erste der für Rot typisch gewordenen Wohnblocks bezogen werden. Wie es zu dieser Entwicklung kam, beschreibt Mathias Beer in seinem nachfolgenden Beitrag genauer.

Nach und neben dem »Neuen Heim« engagierte sich im Laufe der fünfziger Jahre eine Vielzahl weiterer Baugesellschaften im dadurch rasch wachsenden Stadtteil. Vormals landwirtschaftlich genutzte Flächen sowie ein ehemaliges Truppenübungsgelände, für das sich die etwas irreführende ältere Bezeichnung »Exerzierplatz« erhalten hat, boten ein leicht erschließbares, weiträumiges Areal für das neuentstehende Wohngebiet. Es galt, für die Heimatvertriebenen und Flüchtlinge aus dem Osten sowie für die evakuierten und die durch die Zerstörungen des

Der erste Wohnblock der Baugenossenschaft »Neues Heim« im Rotweg, errichtet 1949

25

Luftkriegs wohnungslos gewordenen Stuttgarter den dringend benötigten Wohnraum zu schaffen.

Die Luftangriffe hatten gegen Kriegsende den Wohnraum in Stuttgart um 55 Prozent verringert. Die Einwohnerschaft war auf etwas mehr als die Hälfte ihres vormaligen Bestandes zurückgegangen und bestand noch aus 265 000 Personen.[13] Durch die Rückkehr von rund 130 000 Evakuierten und den inzwischen in Gang gekommenen Zuzug von Vertriebenen und Flüchtlingen wuchs die Bevölkerung Stuttgarts in rasantem Tempo.

Über die anteilige Zusammensetzung der neuen Einwohnerschaft im Stadtteil Rot schwanken die Angaben beträchtlich. So wird einmal das Zahlenverhältnis zwischen Einheimischen und Fremden mit einem Drittel zu zwei Dritteln angegeben.[14] Ein anderes Mal ist davon die Rede, daß fast die Hälfte der Bewohner des neu entstandenen Stadtteils Einheimische waren.[15] Exakte Zahlen lassen sich heute nicht mehr ermitteln.

Bereits gegen Ende der fünfziger Jahre lag die Gestalt des Stadtteils im wesentlichen fest:

> Das Wohngebiet gliedert sich in zwei etwa gleich große, durch einen breiten, von Norden nach Süden laufenden Grünzug getrennte Teile. Die Masse der Gebäude ist drei-, vier- oder fünfgeschossiger Stockwerksbau, die Wohnungen sind in der Mehrzahl ost-west-orientiert. Am Grünzug in der Mitte liegen zweigeschossige Familienhäuser und öffentliche Einrichtungen; das Grün findet seine Fortsetzung in den Sportplatz- und Schulflächen im Süden und Norden. Den Übergang zur Landschaft im Süden und Osten bilden Reihenhäuser und zweigeschossige Bebauung.[16]

So entstand eine in der damaligen Zeit für Süddeutschland, wenn nicht für das Bundesgebiet insgesamt, wohl einzigartige »moderne« Großsiedlung. Lediglich an ihrem Nordost-Rand wurden einige wenige Kleingewerbebetriebe angesiedelt. Ansonsten war und blieb sie eine reine Wohnsiedlung mit den üblichen Laden- und Handwerksgeschäften.

Als architektonisch bedeutsam gelten nur wenige Gebäude in Rot. Herausgehoben werden drei bereits 1950 in experimenteller Bauweise errichtete Wohnblocks im Rotweg mit den Hausnummern 134 bis 154 sowie die zwischen 1956 und 1959 erstellten Hochhäuser »Romeo« und »Julia«,[17] deren Höhe und außergewöhnliche Architektur weit über den Stuttgarter Raum hinaus für Aufsehen sorgten. So sollen, als 1957 die erste Eigentumswohnung im »Romeo« zur Besichtigung freigegeben war, innerhalb von nur einer Woche rund 20 000 Interessenten Schlange gestanden haben.[18]

Zu den herausragenden Gebäuden gerechnet werden dürfen freilich ebenso die 1956 fertiggestellte evangelische Auferstehungskirche an der Kreuzung Haldenrainstraße/Rotweg und das Ende der sechziger Jahre bezogene Terrassenhaus an der Tapachstraße.

Bemerkenswert für den Stadtteil ist zweifellos auch die Ansammlung von Schulen aller Arten.

Die Einwohnerzahl Rots hatte zur Beginn der sechziger Jahre mit rund 17 000 Menschen ihren Höhepunkt erreicht. Inzwischen ist sie auf 10 564 Personen (Stand vom 30. Juni 1994) zurückgegangen.

Erst in jüngster Vergangenheit ist nach Jahren des Stillstands wieder eine bescheidene Bautätigkeit im Stadtteil zu verzeichnen. So wurden zwischen 1993 und 1995 einige Wohnblocks an der Tapachstraße sowie zwischen der Haldenrain- und der Gundelsheimer Straße errichtet.

Für die nahe Zukunft zeichnet sich eine vierte Phase der Bebauung bereits ab. Im Rahmen einer neuen Nutzung des ehemaligen Kasernengeländes am Burgholz sollen weitere Wohngebäude errichtet werden. Zumindest für die Gebäude der ehemaligen Grenadierkaserne liegt eine Anbindung an Rot nahe.

1 Zuffenhausen einst und heute, hrsg. vom heimatgeschichtlichen Arbeitskreis Stuttgart-Zuffenhausen, o. J., Seite 73.
2 HJ ist die Abkürzung für Hitlerjugend.
3 Roland Müller, Stuttgart in der Zeit des Nationalsozialismus, Stuttgart 1988, resümiert auf Seite 234 wohl zurecht: »Was die Stadtverwaltung wollte, aber nicht konnte, was die Rüstungsindustrie sollte, aber nicht wollte, das wollten und durften die Parteigliederungen: Siedlungen errichten. Während der Wohnungsbau stagnierte, waren die Arbeiten an einer Siedlung der SA im Büsnauer Tal und einer SS-Siedlung in Zuffenhausen in vollem Gang.«
4 Sämtliche Erläuterungen der Straßennamen sind dem amtlichen Stuttgarter Adreßbuch von 1940 entnommen. Mit Ostmark wurde damals das frühere Österreich bezeichnet, das 1938 dem Deutschen Reich »angeschlossen« wurde. Zu den heutigen Straßennamen vergleiche: »Die Stuttgarter Straßennamen«, herausgegeben vom Presse- und Informationsamt der Landeshauptstadt Stuttgart, bearbeitet von Eva Walter und Thomas Pfündel, Stuttgart 1992.

5 So auch in der Ortschronik »Zuffenhausen einst und heute« (siehe Anmerkung 1), Seite 79.

6 Das Schreiben des Arbeitsamtes datiert vom 11. November 1937 und ist an das städtische Planungsamt gerichtet.

7 U. Müller, Fremde in der Nachkriegszeit, Stuttgart 1990, Seite 19.

8 G. Keller/G. Wilson, Konzentrationslager Welzheim, hrsg. von der Stadt Welzheim, o. J., Seite 39 f.

9 U. Müller, a. a. O., Seite 42.

10 Chronik der Stuttgarter Wohnungs- und Siedlungsgesellschaft mbH 1933 bis 1983, Seite 29.

11 Hermann Vietzen, Chronik der Stadt Stuttgart 1945 bis 1948, Stuttgart 1972, Seite 243 f.

12 U. Müller, a. a. O., Seite 76 und Seite 117.

13 Heinz H. Poker, Der Kampf der Stadtverwaltung gegen die Wohnungsnot 1945 bis 1948; in: Stuttgart in den ersten Nachkriegsjahren, Stuttgart 1995, Seite 250.

14 Das Comeniushaus, hrsg. von der Evangelischen Kirchengemeinde Stuttgart-Rot, 1964, Seite 12.

15 U. Müller, Soziale Probleme; in: Stuttgart in den ersten Nachkriegsjahren, Stuttgart 1995, Seite 311.

16 Stuttgart – Von der Residenz zur modernen Großstadt, Architektur und Städtebau im Wandel der Zeiten, hrsg. von Andreas Brunold und Bernhard Sterra, Tübingen und Stuttgart 1994, Seite 113.

17 Ebenda.

18 Man fährt hinab nach Zuffenhausen, hrsg. von Reinhard Heinz, 2. Auflage 1983, Seite 118.

Menschen in Lagern –
Die Schlotwiese 1942 bis 1967

Von Mathias Beer

Im Jahre 1942 ließ die in Zuffenhausen ansässige, auf Rüstungsgüter spezialisierte Firma Hirth-Motoren GmbH in ihrer unmittelbaren Nachbarschaft auf der Schlotwiese ein Barackenlager errichten. Hier waren die in dem Betrieb beschäftigten Fremdarbeiter untergebracht. Sie wurden seit Kriegsbeginn verstärkt in der Industrie eingesetzt, um die durch den Einzug der männlichen Bevölkerung zur Wehrmacht entstandenen Lücken zu stopfen. Die Schlotwiese, die der Zuffenhäuser Bevölkerung bis dahin als Sport- und Freizeitgelände gedient hatte, bot sich als Standort für das Barackenlager geradezu an. Sie lag in unmittelbarer Nähe zum Werksgelände. Zudem versprach die im Nordwesten Zuffenhausens gelegene Waldlichtung, eine gute Tarnung für die insgesamt achtzehn Reichsarbeitsdienst-Baracken zu sein.

Ein Jahr später errichtete die Stadt Stuttgart auf dem noch freien Gelände östlich vom bestehenden Lager ein eigenes Barackenlager für ausländische Rüstungsarbeiter. In den 19 Baracken unterschiedlicher Größe sollten bis zu 1320 Fremdarbeiter Platz finden. Als Verwaltungsgebäude diente der einzige vorhandene Steinbau, ein 1929 von der Deutschen Jugendkraft errichtetes Klubhaus, das die Stadt 1936 der Hitlerjugend zur Verfügung gestellt hatte.

Die beiden Lager, die vorwiegend französische, holländische und polnische, aber auch Kriegsgefangene anderer Nationalität beherbergten, hatten in der Folgezeit häufig unter den alliierten Luftangriffen auf Stuttgart zu leiden, die auf die Industriebetriebe in der Nachbarschaft der Lager zielten. Bei einem dieser Luftangriffe kamen 23 Franzosen und vier Polen ums Leben. Mehrere Baracken wurden aufgrund der Bombardements in Mitleidenschaft gezogen, eine ganze Reihe vollständig zerstört.

Die verbliebenen, mehr oder weniger intakten Baracken wurden nach Kriegsende zu einem Lager vereinigt und dienten als Repatriierungslager für sowjetische Staatsangehörige. Entsprechend einer alliierten Vereinbarung sollten nach dem Ende des Krieges alle sowjetischen Staatsbürger auch gegen ihren Willen in die Sowjetunion zurückgebracht werden. Im Juni 1945 sollen sich 3000 Insassen im Lager auf der Schlotwiese befunden haben, wie die spärliche Überlieferung berichtet. Es war damit nach der ebenfalls auf Zuffenhäuser Gemarkung liegenden Grenadierkaserne das größte Sammellager für russische Zivilarbeiter, das zu jenem Zeitpunkt in Stuttgart bestand. Bereits Ende Juli/Anfang August standen die verfallenen und verwüsteten Baracken auf der Schlotwiese leer.

Als sich die Umsetzung der Beschlüsse der Potsdamer Konferenz und damit die Ausweisung der deutschen Bevölkerung aus den Ostgebieten sowie einer Reihe ost-mitteleuropäischer Staaten abzeichnete, traf die Stadt Stuttgart ab August 1945 Vorbereitungen für die Aufnahme von Flüchtlingen und Vertriebenen. Von einer Nutzung des Barackenlagers auf der Schlotwiese, wie sie für andere vergleichbare Unterkünfte auf städtischer Gemarkung geplant war, sah man wegen des schlechten baulichen Zustandes des Lagers ab: »Nur Abbruch möglich.« Diesem Plan kam die amerikanische Militärregierung zuvor. Sie beschlagnahmte das Lager und brachte dort vom 13. August 1945 an Flüchtlinge unter – Bürger aus Jugoslawien, Kroatien und Ungarn.

Es handelte sich um sogenannte Volksdeutsche vorwiegend aus den Siedlungsgebieten der Batschka, aus Syrmien und Slawonien, die im Oktober 1944 auf Befehl reichsdeutscher Behörden aus ihren Heimatorten ins Reich evakuiert worden oder dorthin aufgrund des Vorrückens der Roten Armee geflüchtet waren. Das Ende des Krieges erlebte ein Großteil dieser Evakuierten und Flüchtlinge in Thüringen, in den Landkreisen Heiligenstadt und Worbis. Nachdem sich die Siegermächte auf die Festsetzung der Besatzungszonen geeinigt hatten, sollten diese Flüchtlinge sowie alle Displaced Persons (DPs), das heißt zwangsverschleppte Personen, in ihre Heimatländer zurückgebracht werden. Die von allen gewünschte Rückfahrt in die Heimat schien nach der langen Zeit des Umherirrens und der Entbehrungen in greifbare Nähe gerückt. Sie endete jedoch in Stuttgart, zunächst in der Funkerkaserne in Bad Cannstatt und schließlich auf der Schlotwiese in Zuffenhausen.

Das Flüchtlingslager auf der Schlotwiese im Jahr 1948

Die Zahl der Insassen des Lagers stieg in kurzer Zeit auf 1200 Personen an. Durch die Kriegswirren getrennte Familien fanden hier wieder zusammen. Sehr schnell sprach es sich bis Bayern und Österreich herum, daß auf der Schlotwiese Landsleute beisammen waren, deren Gesellschaft man in der ungewissen Zeit suchte. Viele sahen die Schlotwiese als Sammellager an, von dem aus die Rückkehr in die Heimat doch noch gelingen würde. Zusätzlich wurde diese Hoffnung durch den juristischen Status genährt, der den Lagerbewohnern zugesprochen wurde. Als »DPs« wurden sie von der United Relief and Rehabilitation Administration (UNRRA) betreut, mit der Folge, daß die pro Person zugeteilte Kalorienmenge größer war als die der Stuttgarter Bevölkerung.

Als die amerikanische Militärregierung den Lagerbewohnern ihren DP-Status absprach und sie als Volksdeutsche einstufte, wurde die Schlotwiese am 17. November 1945 zusammen mit drei weiteren Ausländerlagern der Verwaltung der Stadt Stuttgart übertragen. Zuständig für das Lager waren nun das »Wohlfahrtsamt« der Stadt Stuttgart, wie das Sozialamt damals hieß, und das Bürgermeisteramt in Zuffenhausen. Die mittlerweile als Wohnungsbrennpunkt eingestufte Stadt kümmerte sich in der Anfangszeit kaum um die Bewohner ihres größten Flüchtlingslagers. Dieses beherbergte mehr Flüchtlinge als alle anderen 14 Flüchtlingslager in Stuttgart zusammen und war das größte Flüchtlingswohnlager im deutschen Südwesten nach 1945. Augenfällig schlug sich der über Nacht erfolgte Wechsel vom DP- zum Volksdeutschen-Status in der Lebensmittelversorgung nieder. Weißbrot, Eipulver, Dosenfleisch und Weißmehl sowie Zucker und Schokolade wurden von Schwarzbrot und Krautsuppe abgelöst. Die Stadt, die noch vor kurzem stolz auf ihren Beinamen »Stadt der Auslandsdeutschen« war, drängte auf eine Klärung des juristischen Status der Lagerbewohner. Davon erhoffte sie sich, die »Ausländer« – unter diesem Stichwort erfolgte bis zuletzt die Aktenablage in der städtischen Verwaltung – loszuwerden. Erst Mitte 1946, nach massivem Druck der Militärregierung und des Innenministeriums von Württemberg-Baden, nahm sich die Stadt der zunächst als »staatenlos« geltenden und dann als »staatenlos, den Deutschen gleichgestellt« eingestuften Flüchtlinge an.

Trotz restriktiver Zuzugspraxis stieg die Bevölkerung der Schlotwiese durch die Familienzusammenführungen und die Rückkehr von aus der Gefangenschaft entlassenen Söhnen und Vätern zeitweilig bis auf 1400 Personen an. Hinzu kam eine nicht näher bestimmbare Dunkelziffer von Bewohnern, die in den Lagerstatistiken nicht erschienen. Es war ein bunt zusammengewürfelter Haufen von Menschen, die es durch die Wirren des Krieges und seiner Folgen mehr oder weniger zufällig auf die Schlotwiese verschlagen hatte. Eine Rückkehr in die Heimat wurde immer unwahrscheinlicher, zumal die dort herrschenden politischen Verhältnisse eine völlige Entrechtung und zum Teil Vernichtung der deutschen Bevölkerung zur Folge hatten. So entwickelte sich das Lager notgedrungen zu einer Ersatzheimat. Und diese richtete man sich, da man von der Stadt Stuttgart weitestgehend allein gelassen wurde, selbst als Heimatort ein.

Auf der Schlotwiese entstand dank der Initiative und des Behauptungswillens seiner Bewohner eine regelrechte Gemeinde. Schritt für Schritt bildete sich eine funktionierende Verwaltung heraus. An ihrer Spitze standen ein Lagerleiter und ein Lagerausschuß, das heißt ein Ortsvorsteher und ein Gemeinderat. Sie vertraten die Lagerbewohner in allen anfallenden Fragen, ob es sich um Wohnraum, Lebensmittelversorgung oder um den Zuzug von Familienangehörigen handelte, sie sorgten für einen reibungslosen Ablauf des Lagerlebens und hatten auch rechtliche Kompetenzen. Sie bildeten das Schiedsgericht, das im Vorfeld gerichtlicher Verfahren eingeschaltet wurde. Zugleich waren sie Ansprechpartner für die amerikanische Militärregierung, die UNRRA und schließlich für das Stuttgarter Rathaus sowie die Bezirksverwaltung in Zuffenhausen.

Nach und nach wurde dank des Engagements der Lagerbewohner und der zögerlich einsetzenden Unterstützung durch die Stadt die Eigenverwaltung weiter ausgebaut. Es wurde ein Lagerbüro mit einer Schreibkraft eingerichtet. Ein Verbindungsmann sorgte für den Verkehr mit den städtischen Ämtern, und ein Lagerbote war für den Postverkehr und die Verbreitung von Mitteilungen der Lagerleitung zuständig. In der mit Hilfe des Gesundheitsamtes und der Bezirksverwaltung eingerichteten Krankenstation waren zwei Krankenschwestern und ein Arzt tätig. Sie hatten angesichts der unbefriedigenden Wohnbedingungen in den notdürftig hergerichteten Baracken und der anfangs katastrophalen hygienischen Verhältnisse alle Hände voll zu tun. Tuberkulose und Erkrankungen der Atemwege standen obenan. Besonders gefährdet waren die zahlreichen im Lager wohnenden Kinder. Noch bevor sich die Schulverwaltung um sie kümmerte, hatte die Lagerverwaltung einen provisorischen Schulraum eingerichtet, in dem Lehrer, Kindergärtnerinnen, aber auch Abiturienten aus der Reihe der Lagerbewohner die Kinder unterrichteten. Anfangs wurde der Unterricht in Serbokroatisch abgehalten. Man wollte, so die für die damaligen Verhältnisse verständliche Begründung, den Kindern die Staatssprache des Heimatlandes vermitteln, in das man nach wie vor hoffte, bald zurückkehren zu können. Später richtete man im Lager eine der Rosenschule zugeordnete Schule mit zwei Lehrern und einen Kindergarten ein, in denen über hundert Kinder betreut wurden.

Zu diesen immer weiter ausgebauten Verwaltungs-, Versorgungs- und Erziehungsfunktionen des Gemeinwesens auf der Schlotwiese kamen bald die wirtschaftliche, kulturelle, kirchliche und sportliche Komponenten hinzu. Im Lager boten eine Reihe von Handwerksbetrieben ihre Dienste an. Drei Läden und auch eine Gaststätte wurden eröffnet.

Man gründete eine Theatergruppe, die mit Erfolg auch selbstgeschriebene Stücke in einer eigens dafür hergerichteten Baracke aufführte. Ein Chor und eine Musikkapelle sollten sich bald dazugesellen. Auch der 1945 ins Leben gerufene Fußball-Club – er erhielt 1946 als »FC Batschka« die Lizenz der Militärregierung – wurde wesentlich von den Jugendlichen des Lagers getragen. Der Verein, der 1956 seinen Namen in »SV Rot« änderte, konnte bald große Erfolge vorweisen und trug wesentlich zur Selbstbehauptung der Lagerbewohner bei. In der zentral gelegenen Baracke richtete man einen Kirchenraum ein. In ihm wurde zweimal wöchentlich Gottesdienst abgehalten, hier fanden Trauungen und Taufen statt. In der Anfangszeit betreute der Pfarrer der Antonius-Gemeinde in Zuffenhausen die Lagerbewohner der Schlotwiese als Filial-Gemeinde. Später erhielten sie einen eigenen Priester. Lange Zeit verwendete man eine ausgediente Gasflasche als Glocke. Erst nach der Währungsreform kauften die Bewohner aus eigenen Spendengeldern eine richtige Glocke, die am 19. Juli 1949 im Rahmen eines Festgottesdienstes geweiht wurde.

Buchstäblich aus dem Nichts entstand bis 1949 dank der Initiative und Eigenverantwortung der Lagerbewohner ein funktionierendes Gemeinwesen. Es vermittelte ihnen das während der Evakuierung und Flucht abhanden gekommene Gefühl der Sicherheit und fügte die Bewohner zu einer verschworenen Gemeinschaft zusammen. Die Schlotwieser lebten in Zuffenhausen und arbeiteten in der Regel auch in den dort ansässigen Betrieben. Die Kontakte zur Zuffenhäuser Bevölkerung beschränkten sich aber in der Regel auf den Bereich des Arbeitsplatzes. Ansonsten lebte und feierte man in der jeweils eigenen Gemeinde. Von der Zuffenhäuser Bevölkerung wurden sie zwar wahrgenommen, in der Anfangszeit als neue Fremdarbeiter oder »Zigeuner« aber kaum beachtet. Zuffenhausen und die Gemeinde auf der Schlotwiese lebten weniger miteinander als nebeneinander her.

Erste Ansätze zur Klärung der Zukunft des Lagers, das von manchen als »Pfahl im Fleisch der Stadt« empfunden wurde, und seiner Bewohner zeichneten sich Anfang 1948 ab. Aus einer Gruppe möglicher Lösungen – Rückkehr nach Jugoslawien, Auszug aus dem Lager in die umgebaute Schweinemastanstalt Hausen, Auswanderung nach Südamerika oder nach den USA, Siedeln in Württemberg-Baden – setzte sich allmählich beim größten Teil der Lagerbewohner die Ansiedlung in der neuen Heimat durch. Ende 1948 gründeten sie die Baugenossenschaft »Neues Heim«, der es dank der Eigenleistung der Schlotwieser und der gewährten Unterstützung durch das Land und die Stadt gelang, die ersten drei Wohnblocks auf dem Gelände des ehemaligen Exerzierplatzes in Nachbarschaft der SS-Siedlung in Stuttgart-Zuffenhausen am Rotweg zu errichten. Die Einweihung des ersten Blocks am 3. Dezember 1949 markiert den Anfang der neuen Siedlung Rot. In ihr sollten die meisten der Schlotwieser, nachdem sie als »Vertriebene« auch als deutsche Staatsbürger anerkannt wurden, eine neue Heimat finden. Der Aufenthalt auf der Schlotwiese war auf diesem langen Weg von entscheidender Bedeutung gewesen. In dieser selbst gestalteten Zwischenheimat vollzog sich allmählich der Ablösungsprozeß von der alten Heimat. Zugleich konnte man sich hier Schritt für Schritt auf die neue Heimat vorbereiten.

Zug um Zug mit der Übersiedlung nach Rot, wo auch viele Stuttgarter, die während des Krieges evakuiert worden waren, sowie Flüchtlinge und Vertriebene aus anderen Herkunftsgebieten und Ländern eine Bleibe fanden, wurden die Baracken auf der Schlotwiese abgerissen. 1967, so das Abbruchprotokoll für das Verwaltungsgebäude, verließen die letzten neun Familien die Schlotwiese.

Heute erinnert im Gelände nichts mehr an die geschilderte Geschichte. Sie ist Geschichte geworden, die nur in den überlieferten Akten und noch für kurze Zeit in der Erinnerung einiger Menschen weiterlebt.

Dr. Mathias Beer lehrt am Institut für Donauschwäbische Geschichte und Landeskunde, Tübingen. Im Herbst 1995 erscheint von ihm ein Buch, das die Geschichte des Flüchtlingslagers auf der Schlotwiese zum Thema hat. Gleichzeitig wird in Zuffenhausen die Ausstellung »Schlotwiese. Fremde Heimat« gezeigt.

Teil 2

Menschen in Rot

Lebensgeschichten aus dem Stadtteil

Von Martin Frey

Was sind das also für Leute, die im Stadtteil Rot heute leben? Woher kommen sie, und seit wann sind sie hier? Vor allem aber: Was spiegelt sich von der großen Weltgeschichte in ihrem Leben wider?

Die Auswahl der wiedergegebenen Lebensgeschichten ist insgesamt gesehen eher zufällig zustandegekommen. Ein leitender Gesichtspunkt war, die drei Phasen der Besiedlung Rots zu berücksichtigen.

So beginnen wir mit Erinnerungen, die am Malberg und an der alten Rotwegsiedlung haften.

Ihnen folgen die Lebensgeschichten von Menschen, die in den fünfziger Jahren nach Rot gekommen sind. 16 Herkunftsgebiete der Heimatvertriebenen und Flüchtlinge sind auf einem Gedenkstein verzeichnet, der 1994 an der Ecke Erligheimer Straße / Haldenrainstraße errichtet wurde: Baltikum, Rußland, Karpaten, Siebenbürgen, Ungarn, Oberschlesien, Bessarabien, Buchenland, Memelland, Weichsel-Warthe, Schlesien, Ostpreußen, Danzig, Pommern, Donauschwaben, Sudetenland.

Auf immerhin sieben dieser Gebiete beziehen sich die hier wiedergebenen Lebensgeschichten.

Nicht fehlen dürfen daneben Erinnerungen an Erlebnisse, die mit der Evakuierung aus Stuttgart und dem Verlust des eigenen Hauses infolge des Bombardements aus der Luft verbunden sind.

Zwei Lebensgeschichten von Menschen, die erst viele Jahre später nach Rot gekommen sind, bringen Außergewöhnliches ans Licht: diejenige einer ehemaligen französischen Zwangsarbeiterin und diejenige einer Frau, die bis über das Ende der Nazizeit hinaus mit einer Jüdin zusammengelebt hat und aus Thüringen nach Rot kam. Letztere Geschichte spannt den Bogen zu den vielen Übersiedlern aus Ostdeutschland, die noch vor dem Mauerbau 1961 aus der anfangs »Sowjetisch Besetzte Zone« genannten DDR den Weg nach Rot fanden.

»Gastarbeiter«, die ab Ende der fünfziger Jahre aus den Ländern Südeuropas sowie der Türkei angeworben wurden und später dann ihre Familien nachkommen ließen, Asylbewerber, die bereits seit zwanzig und mehr Jahren anerkannt und mit deutschem Paß versehen unter uns leben, bilden weitere Zuzugsgruppen in Stuttgart-Rot, die hier zu Wort kommen.

Spätaussiedler, also Deutschstämmige vor allem aus Rumänien, der ehemaligen Sowjetunion und Polen, die insbesondere in den achtziger Jahren nach Deutschland kamen, und schließlich Übersiedler aus der DDR beziehungsweise nach der Vereinigung aus den neuen Bundesländern erzählen ihre Lebensgeschichten.

Im Jahre 1966 wurde das Immanuel-Grözinger-Haus in der Böckinger Straße eingeweiht. Als diakonische Einrichtung der Evangelischen Gesellschaft Stuttgart bietet es rund 150 Menschen ein Zuhause, die vorher obdachlos waren. Die persönliche Geschichte eines seiner Bewohner darf im Strauß der Lebenserinnerungen von Menschen in Rot nicht fehlen.

Bunter als in Rot kann die Einwohnerschaft eines Stadtteils wohl kaum sein. Bei aller Verschiedenheit ihrer Herkunft eint die Menschen in Rot, daß sie als Fremde hierher kamen oder Nachfahren von Fremden sind. Das verbindet sie mehr als alles, was sie voneinander zu trennen scheint.

Heinz Karenke aus Stuttgart-Zuffenhausen

»Damals hat man sonntags mit den Nachbarn Kaffee getrunken«

Von Alexander Frohberg und Stefan Borsos

Heinz Karenke wurde am 4. Mai 1935 in Stuttgart-Zuffenhausen geboren. Seine Eltern waren ursprünglich Zuffenhäuser, der Name »Karenke« stammt jedoch aus Ostpreußen, von wo Herr Karenkes Großvater ausgewandert war.

Als die Familie 1937 nach Rot in eines der kurz zuvor gebauten Häuser in der Pliensäckerstraße zog, war Herr Karenke gerade zwei Jahre alt. Er wohnte 30 Jahre dort und zog dann im Alter von 32 Jahren in die Erlacher Straße und 1979 weiter in die Eschenauer Straße, wo er noch heute lebt.

Dort, wo Herr Karenke heute wohnt, war früher alles unbebaut. »Das einzige war die alte Rotwegsiedlung und da, wo die Sehbehindertenschule heut' ist, war ein Schafstall. Hier war noch die Kaserne, und die Gänsebergstraße ist ja weitergegangen bis ganz zur Kaserne hoch.«

Als Herr Karenke zur Schule ging, gab es noch die Prügelstrafe. Da gab es Lehrer, die »gleich dabei« gewesen sind und geprügelt haben. Das hat man natürlich auch ausgenutzt. Nach ein paar Schlägen auf die Handfläche mußte man nicht mehr schreiben und das war »schon auch etwas wert«.

Herr Karenke ist in die Silcherschule gegangen. Als diese im Krieg zerstört wurde, kamen die Schüler in die Rosenschule.

Während des Krieges hatten sie zwei Jahre keinen Unterricht, da die Schulgebäude zerstört waren oder es wegen der Gefahr von Luftangriffen und Minen zu gefährlich war, sie zu besuchen. Erst 1946 lief der Schulbetrieb wieder an.

Früher gab es in Rot und Zuffenhausen außer der Silcherschule und der Kelterschule keine weiteren Schulen. Um in eine höhere Schule zu gehen, mußte man bis in die Stadt fahren. »In Deutschland gab es früher noch keine solche Leistungsgesellschaft wie heute. Damals schaute man, was einer körperlich schaffen konnte, heute schaut man, was einer in der Schule geleistet hat.«

Für Herrn Karenke hat sich seit 1937 einiges verändert. Zum Beispiel der zwischenmenschliche Kontakt. Damals hat man sonntags mit den Nachbarn Kaffee getrunken und sich unterhalten, was heute nur noch in ganz wenigen Familien üblich ist. Die Zusammengehörigkeit im Wohngebiet war noch viel ausgeprägter. Heute kennt man seine Nachbarn größtenteils gar nicht. Natürlich gibt es auch hier wieder Ausnahmen, doch damals war es viel wichtiger, eine Gemeinschaft zu sein.

Auch andere Dinge haben sich grundlegend geändert. In der Zeit von Heinz Karenkes Kindheit hatten Kinder und Jugendliche viel mehr Raum zum Spielen als heute.

Am Anfang des Zweiten Weltkrieges war Herr Karenke vier Jahre alt. Damals lebten in der Rotwegsiedlung, der sogenannten SS-Siedlung, fast nur Leute, die bei der Nationalsozialistischen Deutschen Arbeiter-Partei (NSDAP) waren, meist Ortsgruppenleiter und Parteifunktionäre.

Nach dem Ende des Krieges wurden die NSDAP-Leute von der Besatzungsmacht enteignet, und man »steckte« Polen in die Häuser. Die Rotwegsiedlung war eingezäunt, und es gab ein Tor und Wachtürme. Die Siedlung hatte zu dieser Zeit Getto-Charakter.

> Die Polen haben sich nachts 'rumgetrieben, die Musik laufen lassen und mit Pistolen geschossen, und es war schon für uns Jugendliche ein bißchen gefährlich. Die Mädchen konnten nicht mehr alleine fortgehen, weil die jeden angepöbelt haben, der vorbeikam. Jeder ist angepöbelt worden, weil wir den Krieg verloren und sie ihn gewonnen hatten. Dann haben wir die Mädchen nicht mehr alleine fortgehen lassen können. Wir hatten dann auch ein paar unter uns, die Schläger gewesen sind, da haben sie schon ein bißchen Respekt gehabt. Aber es war dann sehr gefährlich.

Schlimm war es auch, als die Polen wieder aus Rot hinaus mußten, denn die Häuser gehörten den Polen ja nicht. Sie waren ja nur »hineingesetzt« worden. Und als sie hinaus mußten, haben sie versucht, alles mitzunehmen, auch die Möbel der eigentlichen Eigentümer. Als das die Amerikaner gemerkt hatten, kontrollierten sie die Polen vor den Häusern, und diese mußten alles wieder abladen. Die Wohnungen haben schrecklich ausgesehen: Sie waren demoliert und total verwüstet.

Als Junge hatte Herr Karenke zur Zeit der Luftangriffe immer Angst. Während des ersten Luftangriffs, den er erlebte, saß er mit den Leuten aus der Pliensäckerstraße im Keller. Dann, so berichtet er, hat alles gebrannt. Für ihn war es immer schlimm. Sie haben im Keller gesessen und gebetet, daß nichts passiert. Als wir Herrn Karenke danach fragen, was man fühlt, wenn man sieht, daß Angehörige bei einem solchen Angriff sterben, kann er uns glücklicherweise keine Auskunft geben. Er hat das nicht erleben müssen.

Zum Schluß haben sie dann nur noch im Bunker gelebt. Der Bunker war an der alten Rotwegsiedlung, wo jetzt der Kindergarten ist. Wochenlang haben sie da ihre Zeit zugebracht, sie konnten nicht nach Hause. Weil überall Blindgänger herumlagen, konnte man nicht mal mehr auf die Straße gehen. Herr Karenke schätzt die Anzahl der Leute, die damals in dem Bunker gelebt haben, auf ein paar hundert Menschen.

Als man sich im Freien wieder ohne Angst vor Blindgängern bewegen konnte, war Herr Karenke acht oder neun Jahre alt.

Er erzählt uns von einem besonderen Erlebnis. In seiner Straße lebte ein Pflästerer, der immer sein kleines Mostfaß auf dem Rücken mitnahm. Herr Karenke und seine älteren Freunde wußten natürlich nach einer Weile, daß es da so ein Mostfaß gab, und sie haben es einmal ausgetrunken. Da gab es natürlich Ärger.

Gegen Kriegsende wurden Russen in der Grenadierkaserne eingesperrt. Als die Franzosen in Stuttgart eingerückt waren, kamen die Russen frei. Eines Tages ist Herr Karenke mit seiner Mutter in der Sperrstunde Holz holen gegangen. Man mußte damals schauen, daß man etwas zum Heizen bekam. Man hatte ja nichts. Und da sind ihnen die Russen nachgegangen.

Sie hatten vorher gehört, daß die Russen amerikanische Züge mit Steinen beworfen hätten. Auch, daß ein Amerikaner daraufhin einen Russen erschossen habe. Als Reaktion sollen die Russen dann einige Einwohner des angrenzenden Wohngebiets aus ihren Häusern gezogen, mit in die Kaserne genommen und »da oben abgeschlachtet haben«. Diese Gerüchte hatten Herr Karenke und seine Mutter im Kopf. Verständlich, daß sie so schnell wie möglich weggerannt sind. In einem Gasthof, dessen Wirt mit ihnen bekannt war, fanden sie sofort Unterschlupf. Der Wirt rief gleich die Polizei. Und dann kam sowohl die Kriminalpolizei als auch die Militärpolizei. Seine Mutter mußte danach noch ein paarmal zum Verhör. Herr Karenke dazu: »Wir hatten schon Glück, daß wir damals nicht mit abgeschlachtet wurden.«

Um nach dem Krieg wieder zu Geld zu kommen, ging man zu den Kasernen, um die Wäsche der Amerikaner zu waschen, erinnert sich Herr Karenke. Oft haben die Soldaten auch mal ein Stück Seife oder etwas anderes mitgegeben, manchmal sogar ein paar Dollar, für die man sich alles kaufen konnte.

A. B. aus dem Kreis Künzelsau

»Ich hatte zwar schon eine Orange gesehen, jedoch noch nie eine gegessen«

Von Dominik Scharnbeck und Ulrich Pieper

Ich wurde am 25. Juli 1912 in S. im Kreis Künzelsau geboren. Meine Eltern besaßen einen kleinen Bauernhof zur Selbstversorgung. Nachdem ich meine Eltern schon früh verloren hatte, übernahm mein Bruder den Hof. Zudem hatte ich eine Schwester.

Um Geld zu verdienen, zog ich 1932 nach Stuttgart, wo ich in Heslach in einer Gastwirtschaft eine Anstellung als Haushaltshilfe und Kellnerin fand. Bis zu diesem Zeitpunkt hatte ich zwar schon einmal eine Banane oder eine Orange gesehen, jedoch noch nie eine gegessen. In diesem Haushalt mußten wir von morgens sieben Uhr bis abends elf Uhr arbeiten und verdienten im Monat trotzdem nur zwanzig Mark.

In Heslach lernte ich meinen späteren Mann kennen. Er kam aus Kaufbeuren im Allgäu, wo er den Beruf des Gärtners erlernt hatte. Daß er nach Stuttgart gekommen ist, lag an seiner Schwester, die schon hier lebte. Er arbeitete in seinem Beruf bei der Stadtgärtnerei. Wir heirateten 1936 und lebten in Weilimdorf bei Verwandten meines Mannes, die dort ein Haus hatten und uns zwei Zimmer überließen.

Der größte Wunsch meines Mannes war, sich ein eigenes kleines Haus mit Garten in der Nähe von Stuttgart zu kaufen. Über die Stadtgärtnerei erfuhr er von dem Bauvorhaben am Rotweg, außerhalb von Zuffenhausen. Es sollten lauter kleine Einfamilienhäuser mit einem Garten entstehen. Mitarbeiter der Stadt, kinderreiche Familien und Parteimitglieder wurden bevorzugt.

Unterdessen bekamen wir 1938 eine Tochter. Nun wurden uns die zwei Zimmer endgültig zu eng, und wir bewarben uns bei der Stuttgarter Siedlungsgesellschaft um solch ein Haus. Wir konnten tatsächlich schon im März 1939 unsere eigenen vier Wände beziehen. Ab dem Jahr zuvor waren hier etwa hundert Häuser von verschiedener Größe und verschiedenem Typ entstanden. Sie hatten allesamt kein Bad, und das ganze Leben spielte sich in der Küche ab. Zum Einkaufen mußten wir nach Zuffenhausen, da es in unserer Siedlung noch keine Läden gab. Das einzige Postamt der Umgebung befand sich am Bahnhof in Zuffenhausen und die Haltestelle der Straßenbahn beim alten Rathaus. Bald eröffnete eine Bäckerei, die außer Backwaren auch Lebensmittel verkaufte. Das erleichterte uns das Leben sehr. Schon damals waren wir eine sehr gute Gemeinschaft.

Die Kinder besuchten entweder die Rosenschule in Zuffenhausen, oder sie gingen in die Schloßmittelschule. Kirchlich gehörten wir zur katholischen St.-Antonius- bzw. zur evangelischen Paulusgemeinde, bis in den fünfziger Jahren die Kirchen im Stadtteil Rot gebaut wurden.

Die letzten Siedler waren gerade eingezogen, als der Zweite Weltkrieg begann. Nach drei bis vier Wochen wurden die jungen Männer aus der Siedlung zur Wehrmacht eingezogen, so auch mein Mann. 1942 kehrte er aus Frankreich heim. Er war schwer verwundet und somit kriegsunfähig. Körperliche Arbeit war für ihn von nun an ausgeschlossen. Er konnte also auch in seinem Beruf als Gärtner nicht mehr arbeiten. Die Stadt Stuttgart als sein früherer Arbeitgeber übernahm ihn glücklicherweise und beschäftigte ihn in der Verwaltung. 1942 kam unsere zweite Tochter zur Welt.

Unterhalb des Kindergartens unserer Siedlung befand sich ein Steinbruch. Man sprengte dort nach den ersten Luftangriffen einen Stollen hinein, der als Bunker diente. Abgesehen von mehreren kaputten Fensterscheiben, einigen abgedeckten Dächern und ein paar Häusern, die niederbrannten, war der Schaden in unserer Siedlung vergleichsweise gering. Trotzdem war es eine schlimme Zeit.

Um den Luftangriffen auf Stuttgart zu entgehen, lebte ich ab 1943 mit meinen beiden Kindern meist in meiner Heimat im Jagsttal. Die ganze Siedlung wurde währenddessen evakuiert. Nach Ende des Krieges kehrten wir zu Fuß aus S. nach Stuttgart zurück. Dort erlebten wir eine unglaubliche Überraschung: Alle Häuser der Siedlung waren mit ehemals kriegsgefangenen Polen besetzt. Die Stadt Stuttgart brachte uns bei einer Familie in der Stammheimer Straße unter, bei der wir zu viert in einem Zimmer leben mußten. Die Küche konnten wir mitbenutzen.

Ich besuchte einige Male die Siedlung, einmal übernachtete ich sogar bei einer Nachbarin, die ihr Haus wiederbekommen hatte. Es war dort sehr unheimlich, da viele der Polen betrunken waren und mit scharfer Munition die Siedlung unsicher machten. Kurz bevor sie 1947 abgeschoben wurden, beobachtete ich aus einem Maisfeld in der Umgebung, wie aus unserem Haus Möbel und sonstiger Hausrat mit Lastwagen von den Polen abtransportiert wurden.

Wieviele Polen in diesen beiden Jahren unser Haus bewohnten, weiß ich nicht genau. Ich erinnere mich noch an ein Ehepaar, das dort in dieser Zeit ein Kind bekam, und an eine Frau, die in ihrer Heimat Zahnärztin gewesen war. Mit meinen Kindern besuchte ich diese Frau mehrmals. Sie ließ es zu, daß wir das Haus betraten, was nicht selbstverständlich war, und gab uns sogar ab und zu ein paar Lebensmittel.

Einmal erzählte sie mir von ihren Erlebnissen in einem SS-Lager. Beim Zählappell war ihre Mutter, die neben ihr in der Reihe stand, bereits zum zweiten Mal zusammengebrochen und lag auf der Erde. Als sie sich mit einer weiteren Frau über ihre Mutter beugte, um sie wieder auf ihre Beine zu stellen, wurden alle drei Frauen von den SS-Aufsehern niedergeknüppelt. Die Mißhandlungen waren so heftig, daß ihre Mutter an den Folgen der Schläge starb. Daraufhin zeigte mir die Polin ihren Rücken. Die Spuren von Mißhandlungen waren noch deutlich zu sehen. Es waren lange Striemen, die so aussahen, als wären sie ihr erst kurze Zeit vorher beigebracht worden.

Wir konnten dann zwar erneut in unser Haus einziehen, mußten aber wieder ganz von unten anfangen.

Eva Petto, Donauschwäbin aus Jugoslawien

»Es hieß: Nur soviel mitnehmen, wie ihr tragen könnt. Was sollte man einpacken?«

Von Meta Bräuning und Christine Rehklau

Grüß Gott, grüß Gott, so ruf ich aus, damit man's hört im ganzen Haus.« So deutlich konnte ich es damals noch nicht sagen, es war nur ein Schrei, doch gehört hat man es im ganzen Haus, als ich am 22. Oktober 1929 in India in Jugoslawien das Licht der Welt erblickte. So erzählte es mir meine Mutter, und die muß es ja wissen. Übrigens, mein Name ist Eva Petto, geborene Fischler.

Als ich vier Jahre alt war, durfte ich in die Spielschule gehen. Das entsprach einem heutigen Kindergarten. Die schöne Zeit in der Spielschule ging leider sehr schnell vorbei, und wir waren voller Neugier und Erwartung, wie es wohl in der »großen« Schule sein würde. Der Schulranzen wurde gekauft, und ich wäre am liebsten den ganzen Tag mit dem Prachtstück auf dem Rücken herumgelaufen. War er doch ein Zeichen, daß man zu den »Großen« gehörte. In der Spielschule, ja, da waren wir die Großen, aber in der Volksschule kam gleich die Ernüchterung. Im Juli 1936 war mein erster Schultag. Jetzt waren wir von allen die Kleinsten und mußten uns anhören, wie die anderen geringschätzig »Erstkläßler – Tintenfäßler« sagten.

Unterrichtet wurde in deutscher Sprache, denn wir waren in der deutschen Schule. Es gab noch eine serbische und eine ungarische Schule, jedoch wurde in der ungarischen Schule schon seit Jahrzehnten nicht mehr unterrichtet, weil die Kinder von den wenigen ungarischen Familien in die deutsche Schule gingen. In den ersten beiden Schuljahren lernten wir drei Schriften: die gotische, die lateinische und die kyrillische. Serbisch war für uns eine Fremdsprache, die ich auch erst in der

Schule lernte. Nach der vierten Volksschulklasse wechselte ich in die Handarbeitsschule. Mein damaliges Berufsziel war Lehrerin, weil ich unwahrscheinlich gerne etwas mit Kindern unternahm. Wir hörten immer mehr vom Krieg, in den möglicherweise auch Jugoslawien hineingeraten könnte, aber das wollte niemand glauben. Hatten wir doch mit der serbischen und ungarischen Minderheit im Ort immer ein gutes Verhältnis.

Als am 6. April 1941 der Krieg ausbrach, überflogen große Staffeln deutscher Bomber unseren Ort in Richtung Belgrad, das 40 Kilometer von India entfernt liegt.

Bald hörte man auch schon das ferne Grollen der Detonationen aus Belgrad, das lichterloh brannte. Über India eröffnete ein Flugzeug im Tiefflug Maschinengewehrfeuer und tötete einen Mann. Am Nachmittag fielen ein paar Bomben, ohne größeren Schaden anzurichten.

Für mich änderte sich nun viel in meiner Ausbildung, weil die Handarbeitsschule in India geschlossen wurde. Die letzten wenigen Wochen bis zum Schuljahresende verbrachte ich in der Volksschule, in der fünften Klasse. Zum Beginn des neuen Schuljahres wurde eine Bürgerschule, vergleichbar mit einer heutigen Realschule, eröffnet. Ich kam nach einer Aufnahmeprüfung gleich in die zweite Klasse, hatte also keine Zeit verloren. Mit der dritten Klasse beendete ich die Bürgerschule. Das letzte Halbjahr mußten wir allerdings auf unser Klassenzimmer verzichten. Der Rückzug aus Rußland hatte eingesetzt, und die Schule wurde für die Soldaten beschlagnahmt. Bei schönem Wetter fand der Unterricht auf dem Sportplatz statt, bei Regen gab es Schichtunterricht in der Volksschule.

Als mein Vater eines Tages kam und sagte, in der Agraria, der deutschen Zentral-Ein- und Verkaufsgenossenschaft, würden noch Schreibkräfte gesucht, bewarb ich mich und fing 1943 zu arbeiten an.

Ab 1944 wurden die Zeiten immer unruhiger und kritischer, an Lebensmitteln mangelte es jedoch nicht. Nur für Tabakwaren gab es Marken, alles andere konnte man frei kaufen.

Die Bauern trauten sich ohne Bewachung nicht mehr auf die Felder. Nachts konnte man sehen, wie die Partisanen die Weizengarben auf den Feldern anzündeten. Die Männer, die noch daheim waren, wurden zur Bewachung des Ortes eingeteilt und gingen nachts auf Streifendienst.

Die sich abzeichnende Niederlage der Deutschen und der entfesselte Haß der slawischen Mitbürger brachen wie ein alles vernichtendes Naturereignis über uns Donauschwaben herein. Furchtbare Gerüchte liefen den sich überstürzt zurückziehenden deutschen Truppen voraus. Von Mord und Tod, Vergewaltigung und Terror wurde erzählt. Es wurde geraten, Haus und Hof zu verlassen und zu fliehen. Die meisten Väter und Söhne waren an der Front. Deshalb lag die ganze Verantwortung für diese schwere Entscheidung auf den Schultern der Frauen. Sie mußten mit kleinen Kindern, alten und gebrechlichen Familienangehörigen auf die Landstraßen gehen, um sich vielleicht nach Österreich oder Deutschland durchzuschlagen, wo man sich in Sicherheit glaubte. Tausende und Abertausende waren schon unterwegs.

Alle wollten sich noch schnell einen Ausweis ausstellen lassen. So saß auch ich am 6. Oktober 1944 wieder an der Schreibmaschine, um Ausweise auszufertigen, als mir mein Vater auf die Schulter tippte und sagte, daß auch wir gehen würden. Also packte ich meine Sachen zusammen und sagte allen Adieu. Als ich nach Hause kam, war meine Mutter schon beim Packen. Es hieß: Nur soviel mitnehmen, wie ihr tragen könnt. Was sollte man einpacken?

Etwas zum Essen und Anziehen, ein Kopfkissen und Decken brauchte man, denn die Nächte waren schon recht kühl. So gruben wir noch schnell unter dem Tisch auf der Veranda ein Loch, setzten ein großes Faß hinein und verstauten darin alle Wertsachen, in der Hoffnung, sie wiederzufinden, wenn wir zurückkämen, falls im Haus sonst alles ausgeplündert wäre. Auch unterwegs konnten wir ja überfallen und ausgeraubt werden.

Meine Omas und mein Opa wollten noch abwarten, denn erst sollten die jüngeren Frauen und Kinder in Sicherheit gebracht werden. Die Männer durften sowieso nicht mit. Mein Vater brachte meine Mutter und mich zum Bahnhof, wo ein langer Zug mit 30 Wagen, meist Viehwaggons, stand. In einem fand sich noch ein Plätzchen für uns. Wir waren 49 Personen mit Gepäck in dem einen Viehwaggon! Wären alle Menschen gleich behandelt worden, hätten wir das noch ertragen. Aber auch hier wurden noch Ausnahmen gemacht. Ein Bahnbeamter mit seiner Familie hatte den halben Waggon vollgepackt, und die anderen mußten während der ganzen Reise auf ihren Koffern und Kisten sitzen.

Es wurde Abend, aber der Zug fuhr nicht ab. Erst am nächsten Morgen verließen wir India; für ein paar Wochen, wie wir glaubten. Es war jedoch ein Abschied für immer.

Als der Transport nach langer Fahrt und vielen Turbulenzen im Wiener Bahnhof stand, gab es Fliegeralarm. Wir mußten alle in einen Bunker und zitterten, als es krachte und alles schwankte, wenn die Bomben einschlugen. Solche Luftangriffe hatten wir in India noch nicht erlebt. Bei diesem Angriff wurde ein Landsmann getötet.

Da wir dort nicht bleiben konnten, setzte der Zug sich wieder in Bewegung. Der Transport wurde ständig weitergeleitet, denn niemand wollte die vielen Menschen aufnehmen. Die Verpflegung wurde immer knapper, und wir waren völlig auf uns selbst gestellt.

Es waren sehr kalte Nächte in diesem Oktober 1944. Meine Mutter und ich saßen auf unserer kleinen Kiste, denn zum Liegen war kein Platz. Wir kuschelten uns ganz eng aneinander, um nicht zu frieren. Wir hatten schon Kroatien, Slowenien, Ungarn, Österreich und die Tschechoslowakei durchquert und waren nun in Polen. Langsam wurden wir ungeduldig und wollten wissen, wohin man uns bringen würde. Ein Offizier der deutschen Wehrmacht versicherte uns, daß wir bald am Ziel seien; alle Lager auf der bisherigen Strecke seien bereits überfüllt und könnten einen so großen Transport nicht aufnehmen.

So ging es immer weiter, bis am 18. Oktober 1944 in der Nähe von Danzig endlich Endstation war. Wir kamen in das Umsiedlungslager Konradstein.

Ein Teil der Flüchtlinge wurde in Baracken, der andere in Anstaltsgebäuden untergebracht, welche zur Hälfte mit politischen Gefangenen aus dem Reichsgebiet belegt waren. Durch die schlechte Behandlung und die karge Verpflegung waren diese Männer tatsächlich an den Rand des Wahnsinns gebracht worden. Uns wurde streng verboten, mit ihnen zu reden. Ab und zu gelang es jedoch, mit den Gefangenen ein paar Worte zu wechseln. Dadurch erfuhren wir, daß die meisten Männer Akademiker waren.

Die Unterkünfte waren überfüllt. In der einen Hälfte »unserer« Baracke waren Hochbetten aufgestellt, die mit Wanzen übersät waren. Ja, hier habe ich zum ersten Mal in meinem Leben Wanzen gesehen. In diese Barackenhälfte wurden 120 Personen hineingesteckt. In der anderen

Hälfte befand sich eine Zuschneidewerkstatt für Leder, die mit einem Vorhang abgegrenzt war.

Zum Essen gab es jeden zweiten Tag »Wrukel«, eine Art Rüben. Diese wurden zerhackt, und man kochte eine Suppe daraus.

Den Arbeitsfähigen wurde Arbeit in Betrieben, beim Bauern, im Haushalt oder in der Küche zugeteilt. Ich arbeitete zuerst als Zuschneiderin in der Lederwerkstatt und kam dann bald als Schreibkraft in die Lagerleitung.

Kurz danach stieß mein Vater zu uns. Wir waren jetzt überglücklich, unseren Vati wieder bei uns zu haben. Gleichzeitig hatten wir Angst, man könnte ihn noch in eine Uniform stecken und an die Front schicken.

Die Wochen vergingen, und die Front kam immer näher, man hörte jetzt schon den Kanonendonner, und so wurde der Befehl gegeben, das Lager zu räumen. Am 18. Januar fuhren wir über Berlin nach Heiligenstadt in Thüringen. Dort wurden wir für eine Nacht in einer Schule untergebracht, und am nächsten Tag erhielten wir die Anweisung, nach Heuthen zu fahren und uns im Bürgermeisteramt zu melden. Dort wurden wir bei Familien einquartiert, bei denen wir auch Arbeit fanden.

Es kam der 8. Mai, die Kapitulation. Was wird nun, können wir wieder nach Hause? Wie wird man uns Deutsche in Jugoslawien aufnehmen? War mit Kriegsende auch der aufgekommene Haß uns Deutschen gegenüber verschwunden, oder würde man sich eher an uns rächen wollen? Viele Fragen gingen uns durch den Kopf, aber das Heimweh und die Sehnsucht nach den Verwandten und Freunden waren stärker als alle Bedenken. Indiaer in den Nachbargemeinden wurden besucht, und wie ein Lauffeuer verbreitete sich die Kunde: »Indiaer, kommt alle ins Lager Uder, wir fahren wieder nach Hause!« Dem Rufe folgten fast alle. Einige aber wollten abwarten, sie waren skeptisch und glaubten nicht, daß das gut gehen würde.

Mit dem Versprechen, uns zu melden, wenn wir zu Hause wären, oder anderenfalls wieder zu ihnen zurückzukehren, verabschiedeten wir uns von allen Freunden, die wir hier schon hatten.

Ein Nachbar brachte uns mit seinem Fuhrwerk nach Uder ins Lager. Im Lager vergingen einige Wochen ohne jedes Anzeichen, daß eine baldige Abreise bevorstehe. Dann geschah etwas Sonderbares. Im Lager tauchten plötzlich russische Soldaten auf. Die Amerikaner, die Thüringen besetzt hatten, hatten dieses Gebiet an die Russen abgetreten. Die Frauen und wir Mädchen bekamen es schon mit der Angst zu tun, denn Schlimmes hatten manche erlebt, deren Orte von den Russen eingenommen und besetzt worden waren. Im Lager wurde aber niemand belästigt.

Einige Tage nach diesem Ereignis setzten sich dann endlich die ersten Transportzüge aus dem Lager Uder in Richtung Heimat in Bewegung. Wir waren überglücklich. Natürlich wußten wir nicht, daß wir ins Verderben rollen würden, sollten wir das Ziel unserer Reise, die alte Heimat, erreichen. Jene Menschen nämlich, die nach langen, mühevollen Umwegen als erste Rückkehrer in Jugoslawien angekommen waren, wurden ihrer Habe vollkommen beraubt und in Vernichtungslager gebracht.

Der Transportzug, in dem ich mich befand, fuhr bis nach Leipzig und hatte dort einen längeren Aufenthalt. Nach einigen Stunden fuhr unser Zug in Richtung Südwesten weiter. Da die Gleise schwer beschädigt und noch nicht instandgesetzt waren, mußten verschiedene Umwege gemacht werden.

So landeten wir schließlich in Stuttgart-Bad Cannstatt. Hier war für uns vorerst Endstation, und wir wurden in eine Kaserne gebracht. Es gab keine Betten, das Stroh auf dem Fußboden war unsere Schlafstätte. In der Mitte des Saales standen Tische. Wir bekamen eine warme Mahlzeit und die Kinder Milch. 1945 war das gar nicht so selbstverständlich, denn überall in Deutschland herrschte große Hungersnot.

Am 13. August 1945 wurden wir mit unseren wenigen Habseligkeiten wieder auf Laster verfrachtet und vor den sogenannten Barackenwohnungen auf der Schlotwiese abgeladen. Der erste Eindruck von unserer neuen Bleibe war niederschmetternd, denn die Baracken waren von ihren früheren Insassen in einem Zustand hinterlassen worden, der jeder Beschreibung spottete. Alles war demoliert und zerschlagen. Was wir vorfanden, waren menschenunwürdige Wohnlöcher; haufenweise Unrat, ringsum Dreck und nochmals Dreck und Zerfall, wohin man blickte. Es wimmelte nur so von Ungeziefer. Ratten, Mäuse, Flöhe, Läuse, Wanzen, Fliegen, das waren hier zur Zeit die Bewohner. Lauter zerschlagene Fensterscheiben, keine wasserdichten Dächer, weder Weg noch Steg waren vorhanden, von einer Beleuchtung ganz zu schweigen.

1200 verzweifelte Menschen standen nun in diesem Chaos und sollten hier ihr »Zuhause« schaffen. Eine Freundin und ich gingen auf die Suche nach Wasser. Im ganzen Lager waren nur zwei Wasserhähne vorhanden. Dann kehrten und schrubbten wir, um den Gestank aus der Baracke zu bekommen und eine Schlafstätte für die Nacht herzurichten. Diese Arbeit hätten wir uns allerdings sparen können, denn geschlafen hat in dieser Nacht keiner. Die Wanzen, sie waren sicher ausgehungert, kamen zu Hunderten aus ihren Verstecken und überfielen ihre Opfer. So standen wir wieder auf, zündeten vor der Baracke ein Feuer an und setzten uns ringsherum. Auch diese lange Nacht verging, und als der Tag anbrach, erwachte auch der Pioniergeist der Donauschwaben wieder. Mit nichts oder mit kaum mehr als nichts fing nun unser Leben auf der Schlotwiese an, das für einige länger als zehn Jahre dauern sollte.

Die Küche befand sich in der Wirtschaftsbaracke. In ihr standen große Kessel, in denen für alle Lagerinsassen gekocht wurde. Wir bekamen Essensmarken, und pro Kopf gab es einen großen Schöpfer Suppe. Wenn man Glück hatte, fand man auch ein paar Fleischstückchen darin.

Mißtrauisch stand uns die Stuttgarter Bevölkerung gegenüber. Wer in solchen Elendsquartieren hauste, konnte doch niemand »Gescheites« sein. Es wurde uns immerhin materielle Hilfe zugestanden, so daß die Baracken einigermaßen hergerichtet werden konnten. Nachgedacht wurde auch darüber, wie sich jeder vor seinem Zimmer einen Gemüsegarten von ein paar Quadratmetern anlegen könnte. Die ersten Hasenställe wurden gebaut.

Diese Not schmiedete uns, die »Schlotwieser«, zu einer einzigen großen Familie zusammen, zu einer in Freud und Leid verbundenen Schicksalsgemeinschaft. Jeder half jedem, ohne viele Worte; wo es an etwas fehlte, war gleich einer zur Stelle.

Für die Kinder im Vorschulalter wurde ein Kindergarten eingerichtet. Die schulpflichtigen Kinder wurden vorerst alle im Lager unterrichtet. Zum Gebet versammelten wir uns in einem größeren Raum der Wirtschaftsbaracke. Die Gottesdienste wurden eifrig besucht, so daß der Saal eigentlich immer überfüllt war, doch das störte keinen. Nach und nach bildeten sich ein Kirchenchor und eine Fußballmannschaft. Man richtete einen Tanzsaal ein und feierte Feste.

Das erste Weihnachtsfest auf der Schlotwiese nahte. Mit den Gedanken weilte jeder in seinem Häuschen in der alten Heimat, wo er das Fest der Geburt Christi mit allen seinen Lieben früher gefeiert hatte, die jetzt in alle Welt zerstreut waren. So mancher weinte sich an diesem Abend in den Schlaf und wünschte sich, er würde aufwachen, und Krieg, Flucht, Not und Elend wären nur ein böser Traum gewesen. Aber es blieb alles bittere Realität.

Es gab einige tuberkulosekranke Kinder, die dringend eine bessere Ernährung gebraucht hätten. Immer wieder wurde versucht, etwas zu beschaffen. Oft wurde das letzte aus der Heimat mitgebrachte Erinnerungsstück für Brot, Butter und Eier getauscht, damit man den hungrigen Kindern etwas zusätzlich geben konnte.

Nach anfänglichem Mißtrauen seitens der Zuffenhäuser, Feuerbacher und Weilimdorfer Bürger entstanden bald Freundschaften, die zum Teil noch heute bestehen. Wir hatten ja nichts, wir konnten nur unseren Fleiß und unseren guten Willen in die Waagschale werfen, was auch allmählich anerkannt wurde.

In den folgenden Jahren waren dann die Flüchtlinge, die anfangs gemieden und auch als Zigeuner bezeichnet wurden, begehrte und gelobte Mitarbeiter. Es gab im Lager bald keine Arbeitslosen mehr. Eine Krankenstube wurde eingerichtet. Ein Zahnarzt, ein Arzt und Krankenschwestern betreuten die Kranken. Unsere Handwerker regten ihre fleißigen Hände, und so gab es bald Friseure, Damen- und Herrenschneider, Schuhmacher, Stricker, Weber, Schreiner, Elektriker, Maler, Spengler. Als wir die Lebensmittelkarten bekamen, wurden schnell Lebensmittelgeschäfte und ein Zeitungskiosk eröffnet. Einen Briefträger, Lagerpolizei und eine Feuerwehr gab es ebenfalls.

Zahlreiche Vorträge und Diskussionsabende, ein Schachklub, eine Kegelbahn, ein Tischtenniskreis, Rot-Kreuz-Kurse und ein Rechtschreibkurs machten das Angebot komplett.

Dann kam der Tag »X«, der 20. Juni 1948, die Währungsreform. Wieder ein neuer Anfang. Im wahrsten Sinne des Wortes über Nacht fand die Bewirtschaftung mit allen ihren negativen Begleiterscheinungen ihr Ende. Von heute auf morgen füllten sich die Schaufenster wieder mit einem reichhaltigen Angebot. 1948 bekamen wir auch unsere Flüchtlingsausweise.

Die ersten Familien verließen das Lager und zogen nach Weilimdorf. Am 17. November 1948 wurde die Bau- und Siedlungsgenossenschaft »Neues Heim« im Lager Schlotwiese gegründet. Leicht war es nicht, die

600 Mark an die Genossenschaft zu bezahlen. Der damalige Durchschnittslohn betrug 90 Pfennig in der Stunde, das waren knapp 200 Mark im Monat. Die Miete im Lager belief sich auf 30 Pfennig monatlich pro Quadratmeter.

Im Frühjahr 1949 erfolgte der erste Spatenstich in Stuttgart-Rot. Es sah vielleicht nach Arbeitsdienst aus, wenn täglich bis zu 80 Männer und Frauen mit blanken Spaten zur Baustelle im Rotweg zogen, um die Grabearbeiten für das erste Gebäude der Genossenschaft zu leisten.

Im selben Jahr heiratete ich Valentin Petto. Am 1. Juli 1950 hatte auch ich das Glück, mit meinem Mann, meinen Eltern und meiner Großmutter in eine Vier-Zimmer-Wohnung im dritten Bau, der von der Genossenschaft im Rotweg erstellt wurde, einzuziehen.

Heute lebe ich allein mit meinem Mann, aber immer noch in derselben Wohnung; unsere drei inzwischen erwachsenen Söhne sind ausgezogen und haben bereits eigene Familien gegründet.

Frieda Adam aus Ostpreußen

»In der Kornkammer Deutschlands herrschte ein gesundes Klima«

Von Ulrike Nell und Cornelia Thömmes

Ostpreußen, die Heimat von Frieda Adam, war als »Kornkammer Deutschlands« bekannt. Frau Adam erzählt uns vom gesunden Klima, das dort herrschte. Im Sommer war es nie zu warm, da immer ein leichter Wind wehte. Die meisten Bewohner von Liebstadt, ihrem Wohnort, und der Umgebung waren Bauern, genauso wie ihre Schwiegereltern.

Das Wappen von Ostpreußen enthält nicht von ungefähr einen Elch mit Elchschaufel. Auch Frau Adams Vater war Waldwart, eine Art Förster. Ihre Mutter war Hausfrau. Frau Adam hatte noch fünf weitere Geschwister, von denen heute nur noch eine Schwester lebt.

1922 kam sie im Alter von sieben Jahren in die Volksschule, die sie acht Jahre lang besuchte. Mit 15 Jahren wurde sie konfirmiert. Sie begann eine Lehre in einem Schuhgeschäft, das in jüdischem Besitz war. Weil ihre Chefin Jüdin war, wurden ihr während der Hitlerzeit Probleme gemacht. Sie arbeitete weiterhin in dem Schuhgeschäft, als dieses dann von einem katholischen Mann übernommen worden war.

In ihrem Heimatort gehörte Frau Adam dem Turnverein an, mit dem sie oft Wanderungen unternahm.

Ihren Mann heiratete sie 1939 in einer »Kriegstrauung«. Das war sozusagen eine Eheschließung im Schnellverfahren. Ihr Mann, mit dem sie schon längere Zeit verlobt war, kam gerade vom Polenfeldzug auf Urlaub zurück.

Er erzählte ihr, daß er auf dem »schwarzen Brett« stehe, was normalerweise bedeutete, daß die Entlassung bevorstand. Bei seinem nächsten

Heimaturlaub stellte sich jedoch heraus, daß der Krieg jetzt erst richtig losging, von einer Entlassung konnte keine Rede sein.

1942 wurde Adams dann ein Sohn geboren.

Wie Frau Adam erzählt, waren am Anfang alle sehr froh, als Hitler an die Macht kam, weil er die Arbeitslosen von der Straße holte. Alle jedoch fanden, daß der Krieg nicht hätte sein müssen. Auch die Judenverfolgung nicht, die ja gleich 1933 begann. Frau Adam jedenfalls war nicht im Bund Deutscher Mädel (BDM), weil sie ja in einem jüdischen Geschäft lernte.

Im Januar 1945 mußte die Bevölkerung Ostpreußens dann vor den Russen fliehen. Das Naziregime informierte sie erst, als die Russen praktisch schon vor der Tür standen. Sie flohen mit Wehrmachtsangehörigen von Ort zu Ort und übernachteten in leerstehenden Häusern. Manchmal mußten sie auch in Erdlöchern übernachten. So kamen sie ans Frische Haff, über das sie mit Rodelschlitten nach Pillau gelangten.

Von Pillau aus ging es dann mit dem Schiff bis nach Rostock und weiter nach Schleswig-Holstein. Dort fand Frieda Adam zusammen mit ihrer Schwester und ihrer Schwägerin Unterschlupf auf einem Bauernhof, wo sie sehr schwer arbeiten mußte. Ihr Mann war zu dieser Zeit Kurlandkämpfer, also in der Nähe der russischen Grenze, was sie sehr beunruhigte.

Im Sommer 1945 – der Krieg war inzwischen zu Ende – kam auch Herr Adam nach Schleswig-Holstein nach. Sieben Jahre lang lebte die Familie im Kreis Steinburg, der, wie ganz Holstein, vollkommen überbevölkert war. Adams wollten gerne von dort weg, und ihr Antrag wurde von einer Kommission aus Stuttgart genehmigt. Im Februar 1952 war es dann soweit: Sie siedelten nach Stuttgart um. Zuerst wohnten sie in der Fleiner Straße, 1967 zogen sie in die Bretzfelder Straße.

Ihre Eltern hatten nicht mehr rechtzeitig fliehen können und waren bis November 1945 in Liebstadt geblieben. Dann wurden sie von Polen vertrieben. Sie kamen gemeinsam mit einer anderen Tochter anschließend nach Stendal. Frau Adam und ihre Schwester erfuhren über das Rote Kreuz ihren Aufenthaltsort und reisten schwarz über alle Grenzen, um sie zu besuchen.

In Stuttgart-Rot setzte sich Frau Adam von Anfang an sehr für den Aufbau der evangelischen Gemeinde ein und beteiligte sich am Sammeln von Spenden. 1974 starb ihr Mann. Sie hat aber sehr viel Kontakt mit ihrem Sohn. Außerdem hat Frau Adam eine Enkelin und zwei Ur-enkel.

Im Wohngebiet Rot fühlt sie sich sehr wohl. Heute ist sie ein recht aktives Mitglied im Frauenkreis und im Altenklub. Als sie uns sagt, daß Stuttgart beziehungsweise Rot für sie zur Heimat geworden ist, fragen wir sie, ob sie denn nie in ihre ursprüngliche Heimat zurück-kehren wollte. Daraufhin erzählt

Frieda Adam 1995

sie uns, daß sie am Anfang noch sehr oft an ihre Heimat gedacht hat. Aber heute wohnen dort ja Polen und Russen. Sie gehört schon seit dreißig Jahren der ostpreußischen Landsmannschaft an.

Lorenz Fleckenstein aus Ungarn

»Nach der Währungsreform kaufte ich mir einen Wandergewerbeschein«

Von Alexander Frohberg und Stefan Borsos

Lorenz Fleckenstein wurde am 13. November 1912 in Bácsalmás, Ungarn, geboren. Die Familiengeschichte reicht weit zurück. Bereits 1786 kam Johann Adam Fleckenstein aus Krombach als lediger Leinweber mit seinem Onkel nach Bácsalmás, wie viele Deutsche, die in dieser Zeit in Ungarn angesiedelt wurden.

Die Eltern von Lorenz, Michael Fleckenstein und Anna Walter, heirateten 1902. Sie bewohnten ein Haus in der Kossuthgasse 74, wo auch Lorenz geboren wurde. 1914 starb der Vater an einer Lungenentzündung; Lorenz war gerade ein Jahr alt geworden.

Nach dem Ersten Weltkrieg hatte Bácsalmás rund 13 000 Einwohner, die meisten davon waren Deutsche, Ungarn und Bunyevacen. Die Mehrheit war römisch-katholisch, während reformierte Christen und Juden eine Minderheit bildeten.

Lorenz Fleckenstein kann sich an vieles noch ganz genau erinnern, und was er nicht mehr weiß, kann er anhand alter Dokumente belegen.

Die große Familie der Fleckensteins verfügte über einen stattlichen Besitz: ein großes Haus in der Kossuthgasse 74 mit 42 Joch Acker und etwa einem Joch Weingarten; im Gewann Miljovac weitere 30 Joch mit einem Bauernhof, im Gewann Sutreli 12 Joch Acker, in Kunbaja-Puszta noch ein Joch Weingarten. Ein Joch entspricht 5755 Quadratmeter, also gut einem halben Hektar.

Nach dem Tod des Vaters vermietet die Mutter die Hälfte des Hauses an Herrn Martin Krix und seine Frau. Herr Krix wird von den Kindern nur Marcibácsi (bácsi = Onkel) und seine Frau Etelnéuni (néuni = Tante) genannt. Der Sohn dieser beiden heißt ebenfalls Marci und ist drei Jahre jünger als Lorenz. Oft spielen Lorenz und seine beiden Schwestern mit Marci zusammen. Ganz genau erinnert er sich noch an den Ziehbrunnen im Hof.

Ungarn ist zu dieser Zeit von den Serben besetzt, und Lorenz und die anderen Kinder haben Angst, von den Serben mitgenommen zu werden. Wohl deshalb, weil sich das Leben von Mai bis Oktober in einem Gang mit offenstehender Tür im Haus abspielt. 1920 müssen die Serben zur Erleichterung der Kinder aus Ungarn abziehen.

Die erste und zweite Klasse verbringt Lorenz auf einer deutsche Schule. Aber nachdem die serbischen Soldaten abgezogen sind, gibt es nur noch ungarische Schulen in Bácsalmás. So besucht Lorenz ab der dritten Klasse eine ungarische Volksschule. Anfangs hat er einen guten Lehrer, bei dem er sehr gute Leistungen erbringt, aber die vierte Klasse fällt ihm schwer, weil der Lehrer sich nicht um die Schüler kümmert. Nach der vierten Klasse wechselt er auf eine vierjährige Realschule.

Er erzählt, wie er mit seinen Freunden auch einmal »große Buben spielen« wollte, was hieß, zur Marschmusik zu tanzen, zu singen und Weingläser auf den Boden zu werfen. Natürlich können die Kinder nicht mit Weingläsern werfen, sondern lassen statt dessen die Eiszapfen von den Dächern auf dem Boden zerklirren.

Die Messe in der Kirche wird zu dieser Zeit in drei Sprachen gehalten: ungarisch, deutsch und slawisch. Die Ministranten müssen sogar lateinisch lernen.

Nachdem Lorenz die Realschule beendet hat, geht er zu seinem Onkel Thomas in dessen Lebensmittel- und Gemischtwarengeschäft in die Lehre. Der Lehrvertrag läuft über zwei Jahre. In dieser Zeit besucht er eine Tanzschule, wo er die Baumhackl Frida kennen lernt. Sie freunden sich an. Beim Winzerfest will die Frida immer nur mit dem Lorenz tanzen. Was Lorenz erst später erfährt: Die Frida ist bereits »vergeben«. Doch kurz darauf lernt er die Demeter Manczi kennen und bekommt regelmäßig Liebesbriefe von ihr.

Nach seiner Lehre vermittelt ihm ein Vertreter eine Arbeitsstelle in Bataszek. Er arbeitet dort im Geschäft von Herrn Lindner. In Bataszek wohnen fast nur Deutsche. Außerdem ist es ein Eisenbahnknotenpunkt, und daher gehören auch viele Eisenbahner zu den Kunden. Bei Herrn

Lorenz Fleckenstein im Kreise seiner Familie, 1995. Von links nach rechts: Sohn Michael, Ehefrau Kato, Tochter Ilse, Lorenz Fleckenstein und Tochter Rosemarie.

Lindner ist der Kunde König, und das beeindruckt Lorenz so stark, daß er später als kaufmännischer Angestellter genauso handeln möchte. Bei seinem Lehrmeister in Bácsalmás war das anders. Einige Zeit ist Lorenz ganz zufrieden, dann bekommt er Heimweh und kehrt nach Bácsalmás zurück. Wider Erwarten ist er dort jedoch arbeitslos, weil das Geschäft seines Onkels, in dem er arbeiten wollte, schlecht geht und dieser keinen Angestellten bezahlen kann. Auf ein Inserat hin bekommt Lorenz eine Arbeitsstelle in einem Lebensmittelgeschäft in Nagykörös, einer ungarischen Stadt. Er muß schon morgens um fünf Uhr aufstehen und auf den Großmarkt gehen, um Obst und Gemüse einzukaufen. Wenn er dann vom Markt zurück ist, muß er ausladen, sortieren und die Preisauszeichnung vornehmen. Lorenz bleibt auch hier nicht lange und kommt wieder in eine deutsche Stadt namens Baranyaszentlörinc. Die Inhaber des Lebensmittel-, Gemischtwaren- und Eisenhandelgeschäfts sind Herr und Frau Gehbauer. Die Frau führt das Geschäft, und Herr Gehbauer betreibt mit seinem Sohn, einem Ingenieur, eine Holzgroßhandlung. Auch hier bleibt Lorenz nur kurze Zeit. Er geht nach Melykut, einer ungarischen Gemeinde, und arbeitet dort bei einer jüdischen Familie namens Krauß, deren Sohn gleich nebenan eine Molkerei besitzt.

Wieder kehrt Lorenz nach Bácsalmás zurück, arbeitet beim Grundbuchamt, jedoch ohne Gehalt. Dort lernt er, mit zehn Fingern Schreibmaschine zu schreiben. Eines Tages bietet ihm Josef Harton im führenden Geschäft der Stadt eine Stelle an. Lorenz' Großeltern hatten diesem vor langer Zeit Arbeit gegeben und ihn wie ihren eigenen Sohn behandelt. Harton führt Lebensmittel, Feinkost, Glaswaren, Eisenwaren und Lederwaren. Dort arbeitet Lorenz Fleckenstein mit den zwei Söhnen des Inhabers, bis er nach Pécs zum Militärdienst einberufen wird und die Verbindung zerbricht. Er kommt zum Artillerie-Meßtrupp, bei dem er feindliche Kanonen ausfindig machen soll. Er ist in der Kaserne Lakics stationiert. Drei Kompanien sind dort untergebracht. Lorenz hat die Militärzeit als recht angenehm in Erinnerung.

1936 wird er entlassen und arbeitet wieder bei der Firma Harton, bis es ihm gelingt, sich selbständig zu machen. Er kauft Geza Freundenfeld dessen Wohn- und Geschäftshaus in der Adlergasse für 6000 Pengö ab. Zuerst kann er jedoch nur eine Anzahlung von 2000 Pengö leisten. Um das restliche Geld zusammenzubekommen, verkauft er einen Teil seines Erbanteils an seine Schwester Lisi und an seinen Schwager Sepi für 3500 Pengö. Im März 1937 zieht Lorenz mit seiner Mutter in das neue Haus. Sie will so lange bei ihm bleiben, bis er heiratet. Für die Eröffnung seines Geschäftes Ende März bekommt er ein halbes Jahr Kredit, die Waren, die er von den Großhändlern bezogen hat, muß er erst dann bezahlen.

Kurz darauf lernt er Kato Heining kennen. Schnell verliebt er sich in sie und bittet um ihre Hand. Sie heiraten am 24. Oktober 1937. Nun ist keine Rede mehr davon, daß seine Mutter auszieht. Kato findet sich sehr schnell im Geschäftsleben zurecht. Sie handeln mit emailliertem Geschirr auf den viermal im Jahr stattfindenden Großmärkten, und sie verkaufen gut. Noch bevor sie ein Jahr verheiratet sind, wird Lorenz 1938 zum Militärdienst einberufen. Sein Sohn, den sie ebenfalls Lorenz nennen, wird geboren, stirbt aber kurz darauf an einer Lungenentzündung.

1940 bekommt Ungarn einen Teil von Siebenbürgen zurück. Lorenz marschiert mit seiner Kompanie in diese Gebiete ein. Er ist in dieser Zeit nur selten zu Hause.

Als der Zweite Weltkrieg 1941 auf Jugoslawien übergreift, wird Lorenz wieder einberufen, und 1942 noch einmal. Mit einer Veterinär-Kompanie marschiert er nach Rußland. Mitte Januar 1943 müssen sie den Rückzug antreten. In Eger ist er so erschöpft, daß er ins Krankenhaus muß. Am 14. März 1943 wird Lorenz schließlich aus der Armee entlassen und kehrt zu seiner Frau zurück. Im Dezember wird seine Tochter Ilse geboren. Doch das Glück währt nicht lange, im Frühjahr 1944 wird Lorenz erneut einberufen, muß seinen Dienst aber erst im August antreten.

Die Russen belagern Budapest. Einige Tage vor Weihnachten nehmen die Russen den Nachbarort ein, und so muß seine Kompanie nach Budapest marschieren. Die Russen rücken immer näher, und die Versorgung wird immer schlechter. Jeder ist auf sich allein gestellt. Fünfzig Tage wird in Budapest gekämpft.

Kato, ihre Eltern, ihre Schwester Manczi und die kleine Ilse fliehen aus Bácsalmás. Sie gelangen bis zum Plattensee, werden dort in Züge verladen und nach Schlesien in die Nähe von Breslau gebracht. Vier Wochen später kommen sie nach Kremsmünster in Österreich. Am 11. Februar 1945 ergeben sich die ungarischen Truppen den Russen, die deutschen kurz darauf. Budapest ist von den Russen eingenommen.

Nach Kriegsende kehren alle in ihre Heimat zurück. Kato und ihre Familie kommen zu Lorenz' Schwester Lisi außerhalb von Bácsalmás. Lorenz Fleckenstein selber wird von den Russen gefangengenommen. Über die Gefangenenlager in Jaszbereny, Nemesszalok und Porszalok und eine Zwischenstation im Gefängnis von Budapest kehrt Lorenz wieder nach Bácsalmás zurück.

Jetzt muß Lorenz, wie viele Deutsche, Zwangsarbeit leisten, um Budapest wieder aufzubauen. Seine Arbeit besteht darin, Steine auf ein Schiff zu tragen. Nach einiger Zeit kommt er ins dortige Eisenbahnerbüro, um die vielen Arbeitskräfte zu registrieren, die jetzt geholt werden. Während dieser Zeit besucht ihn seine Frau Kato öfters in Budapest.

In den Zeitungen steht, daß die Deutschen sehr bald aus Ungarn ausgesiedelt werden sollen. Kurze Zeit später bekommt Lorenz seine

Entlassungsurkunde und kehrt zu seiner Frau zurück. Bevor sie ausgesiedelt werden, besucht er noch Verwandte und Freunde in Bácsalmás, das von Soldaten umringt ist. Von einem Freund bekommt er einen Ausweis und wird deshalb von einem Polizisten beinahe festgenommen. Durch einen Handel kann er sich aber retten.

Am 26. Mai 1946 kommen Lorenz Fleckenstein, Kato, die dreijährige Ilse und die Mutter von Lorenz in Deutschland an – auf dem Bahnhof von Waiblingen. Sie werden der Familie Löffelhardt in Burgstall zugeteilt. Die Familie hat fünf Kinder, von denen jedoch nur noch vier im Haus wohnen. Herr und Frau Löffelhardt sind vom ersten Moment an gehässig zu Lorenz' Familie. Zuerst arbeitet Lorenz in Backnang bei der Spinnerei Adolff als Hilfsarbeiter. Nach einem Jahr kündigt er und geht nach Ludwigsburg. Er wird entlassen und geht zur Spinnerei zurück. Geschäftsbeziehungen verhelfen ihm zu einer Stelle als Vertreter eines Stuttgarter Großhandelsbetriebs in Bayern. Doch bevor er die Stelle antreten kann, soll sich Lorenz einige Wochen im Großhandel einarbeiten. Er fährt jeden Tag nach Stuttgart zum Marienplatz, um die eingegangenen Bestellungen zu bearbeiten. Schließlich übernimmt er dort den Versand und bleibt in Stuttgart. Doch es herrschen wirtschaftlich schwierige Zeiten: Im Jahr darauf verliert Lorenz Fleckenstein seine Stelle.

Von den vierzig Mark, die jeder bei der Währungsreform erhält, besorgt sich Lorenz einen Wandergewerbeschein. Mit seiner Frau zieht er zu Wochen- und Jahrmärkten. Einige Großhandelsfirmen stellen ihnen immer wieder etwas Ware zur Verfügung. Da sie die begehrte Extragenehmigung für den Stuttgarter Feuersee-Markt nicht bekommen, gehen sie auf große Märkte, wo sie hauptsächlich Spiel- und Kurzwaren verkaufen. Sie führen Puppen, Kinderrasseln, Spielautos, Kämme, Haarspangen, Scheren, Mundharmonikas, Gummibänder, Hosenträger, aber auch Rebscheren und Meterstäbe. Das Geschäft läuft sehr gut. 1949 wird die zweite Tochter Rosemarie geboren.

Lorenz und Kato Fleckenstein werden Untermieter im Gewürzstand von Otto Frey an der Ecke Hirsch- und Schulstraße. Ihre Nachbarn sind zwei jüdische Frauen, die Lyons-Kaffee in Dosen verkaufen. Ganz genau kann sich Lorenz an die Standbesitzer erinnern. Ganz hinten in der Hirschstraße betreibt Herr Augenstein eine Wurstbraterei. Im letzten Stand in der Schulstraße verkauft Herr Frank Wolle, Damenstrümpfe,

Herrensocken und Textilien. Dazwischen befindet sich das Ehepaar Engel, das immer die neuesten Sachen anbietet. Außerdem gibt es noch einen Griechen namens Mano mit Obst und Gemüse.

Immer noch wohnen die beiden in Burgstall, und es ist nicht einfach, von hier nach Stuttgart zu kommen, da in Marbach die Eisenbahnbrücke über den Neckar zerbombt ist. Die Fleckensteins müssen mit dem Zug nach Marbach, dann drei Kilometer zu Fuß über den Neckar und die Murr, in Benningen den Berg hinauf zum Bahnhof und von dort aus nach Ludwigsburg wieder mit dem Zug. Manchmal fährt der Zug direkt nach Stuttgart weiter, oft aber müssen sie umsteigen. Deshalb nehmen Lorenz und Kato Kontakt zu den Deutschen aus Jugoslawien auf, die gerade die Baugenossenschaft »Neues Heim« gegründet und angefangen haben, Wohnungen in Stuttgart-Rot zu bauen. Das erste Haus wird im Dezember 1949 bezugsfertig. Im April 1950 ziehen Lorenz und Kato in das zweite Haus ein. Das Kurz- und Spielwarengeschäft, das sie kurzzeitig führen, müssen sie bald wieder aufgeben. Im November 1952 eröffnen sie jedoch im Rotweg 171 ein Lebensmittelgeschäft, das sie später in ein Milchgeschäft umbauen. 1953 bekommen sie von der Baugenossenschaft »Neues Heim« eine größere Wohnung in der Haldenrainstraße 152, wo 1955 ihr Sohn Michael geboren wird. Sie bauen 1962 ihr Geschäft in einen Selbstbedienungsladen um. 1972 beschließen sie, ihr Geschäft der Familie Matthes zu verkaufen. Lorenz bekommt eine Stelle als Kassierer.

Als sich 1976 die Wirtschaftslage verschlechtert, geht Lorenz Fleckenstein in Rente. Als Kassierer hilft er für ein halbes Jahr bei der Bundesgartenschau aus, auch beim alle drei Jahre stattfindenden Landwirtschaftlichen Hauptfest. Weil er auf dem Killesberg für seine gute Arbeit bekannt ist, wird er immer wieder um Mithilfe gebeten.

Lorenz Fleckenstein ist heute 82 Jahre alt. Er war über dreißig Jahre lang Mitglied des Kirchengemeinderates und wirkte auch zehn Jahre lang als Geschäftsführer im Krankenpflegeverein mit. Außerdem betreut er seit 1982 die Missionsmitglieder der Gemeinde, ist Kommunionhelfer und Lektor in seiner Kirchengemeinde. Am 1. Januar 1987 wurde ihm und seiner Frau als Zeichen des Dankes und der Anerkennung für besondere Verdienste vom Bischof der Diözese Rottenburg-Stuttgart, Georg Moser, die Martinus-Medaille verliehen. Am 24. Oktober 1987 feierten Lorenz und Kato im Kreise ihrer Familie ihre Goldene Hochzeit.

Frieda Hasart aus Bessarabien

»Ich dachte, es wäre am besten, jetzt ebenfalls umzukommen«

Von Dominik Scharnbeck und Ulrich Pieper

Frieda Hasart lebt nun schon ihr halbes Leben in der Horrheimer Straße. Geboren ist sie am 1. November 1914 in Sarata in Bessarabien am Schwarzen Meer. Dorthin waren ihre Vorfahren 1822 aus dem Remstal ausgewandert. Frieda besuchte von 1921 bis 1928 die deutsche Schule in Sarata. In dieser Gegend wurden von deutschen Auswanderern viele Dörfer errichtet. Die meisten verdienten sich ihren Lebensunterhalt in der Landwirtschaft. Der Ort Sarata hatte um die Jahrhundertwende etwa 3000 Einwohner.

Von ihrer Geburt an war Frieda vier Jahre lang russische Staatsbürgerin. Nachdem Bessarabien 1918 in rumänische Hände gefallen war, schränkten die neuen Machthaber die Rechte der deutschen Siedler immer mehr ein. So wurden sie zum Beispiel gezwungen, nur noch rumänisch zu sprechen.

1938 heiratete Frau Hasart in der Kirche von Sarata einen Mann aus dem Nachbardorf Tarutino. Er arbeitete in der »Völkischen Arbeit« mit. Die »Völkische Arbeit« war ein Verein, der die deutsche Minderheit in Bessarabien auf kirchlicher und kultureller Ebene vertrat. Das Paar lebte im Dorf des Mannes, wo 1939 Frieda Hasarts erste Tochter geboren wurde.

In Deutschland war unterdessen 1933 Hitler an die Macht gekommen. Stalin hatte mit Hitler einen Vertrag geschlossen, nach dem alle deutschen Siedler vom Schwarzen Meer nach Deutschland zurückgeführt werden sollten. Deshalb kehrte fast die gesamte deutschstämmige Bevölkerung nach Deutschland zurück. So auch Frau Hasart 1940 mit ihrer

Tochter. Ihr Mann half bei der Durchführung der ganzen Umsiedlungs-
aktion mit.

Zuerst wurden Frieda Hasart und ihr Kind mit dem Zug nach Reni
am Donaudelta gebracht. Von dort fuhren sie mit dem Schiff bis nach
Semlin, wo sie einige Zeit in einem Lager untergebracht waren, da die
Tochter krank wurde. Zusammen mit anderen Frauen, deren Kinder
krank waren, wurde Frieda Hasart weiter über Wien bis in die Oberlau-
sitz gebracht, wo alle in einer Schule einquartiert wurden. Dort brach
eine Epidemie aus, an der viele Kinder starben. Auch Frau Hasarts Tochter erkrankte im Verlauf der Epidemie und benötigte sehr viel Flüssig-
keit. Frau Hasart, die im Dezember 1940 gerade im Krankenhaus ihre
zweite Tochter geboren hatte, gab ihr Muttermilch zu trinken, und das
Mädchen wurde wieder gesund.

Die nächste Station ihrer langen Reise war ein Lager im Sudetenland,
das von den Deutschen besetzt war.

Als im November 1940 die Umsiedlungsarbeiten abgeschlossen waren, bekam ihr Mann eine Anstellung in Berlin. Frau Hasart erzählt
weiter:

»Aus diesem Grund zog ich mit meinen beiden Töchtern 1941 nach
Berlin. Als dann auch Berlin direkt vom Krieg betroffen war, mußten
Frauen und Kinder die Stadt als erste verlassen. Mein Mann wurde
unterdessen eingezogen. Ich flüchtete 1943 mit meinen beiden Kindern
in die Posener Gegend, nach Margonin im Warthegau, das heute pol-
nisch ist. Im Dezember '43 wurde unsere dritte Tochter geboren.

Als die Russen durch Polen marschierten, waren wir gezwungen,
nach Westen zu flüchten. Am 20. Januar 1945«, so erinnert sich Frau
Hasart genau, »flüchteten wir bei Nacht und Nebel mit einem Pferdege-
spann. In der ersten Nacht fuhren wir ohne Pause durch. Es war so eisig,
daß unsere Brote, die wir uns als Proviant mitgenommen hatten, in der
Tasche gefroren.

Die Nächte verbrachten wir meistens in Schulen, wir schliefen auf
Stroh. Nach vierzehntägiger Flucht durch Eis und Schnee kamen wir
schließlich ins Perleberger Land. Wir wollten noch weiter in den Westen,
doch die Perleberger Elbbrücke war nur noch für das Militär freigegeben.
Somit mußten wir in Gulow bleiben. Im Mai kamen die Russen und
überrollten uns. Das war eine schlimme Zeit. Sie haben alles durchwühlt,

Frieda Hasart in ihrer Wohnung in der Horrheimer Straße, 1995

unsere Koffer aufgemacht, die Kleider rausgeschmissen oder mitgenommen und sind auf unseren Fotografien herumgetrampelt.

Wir lebten auf einem Bauernhof. Das Essen war damals noch rationiert, doch wir bekamen ab und zu einen kleinen Happen von der Bauersfrau zugesteckt.

Zwischen Weihnachten 1944 und Neujahr hatte ich von der Kompanie meines Mannes die Nachricht bekommen, daß er gefallen sei. Da war mir die Flucht und alles andere so egal, daß ich dachte, es wäre am besten, jetzt ebenfalls umzukommen. Das schrieb ich auch meinem Schwager, der in Jäggeleben bei Salzwedel wohnte.

Mein Mann war jedoch nicht tot, er war als Schwerkriegsbeschädigter von den Amerikanern an der Westfront aufgesammelt worden. Auch er schrieb meinem Schwager und fragte, ob ich rechtzeitig aus dem Warthegau herausgekommen sei. Mein Schwager schickte mir seinen Brief, und so erfuhr ich, daß mein Mann doch noch am Leben war! 1946 zogen wir zu unseren Verwandten nach Jäggeleben. Ich leistete auf einem Bauernhof Schwerstarbeit, um etwas Geld zu verdienen.

Im Januar wurde mein Mann in ein Lazarett nach Bayern verlegt. Er hatte sein linkes Bein verloren, und sein rechtes Ellenbogengelenk war völlig zerschossen. In Frankreich hatten sie ihn in ein Lazarett in Lunéville gebracht, wo er von einem jüdischen Arzt so gut operiert worden war, daß er wenigstens seine Finger wieder bewegen konnte. Sein Ellenbogengelenk aber war nicht mehr zu gebrauchen. Als er einigermaßen wiederhergestellt war, wurde er aus dem Lazarett in Bayern entlassen und wußte nicht, wohin. Deshalb kam er im Juli 1947 verbotenerweise zu mir nach Jäggeleben in die russische Zone. Nicht einmal ein halbes Jahr blieb er bei uns, dann wurde er von der Polizei abgeholt. Sie warfen ihm vor, er habe sich nicht entnazifizieren lassen und sei deshalb in den Osten geflüchtet.

So fand er sich im KZ Dachau wieder, wo er entnazifiziert wurde. Von da aus kam er in ein Krankenhaus, wo er nochmals operiert wurde. Diesmal wurde ihm der Arm zusammengenagelt, so daß er ihn begrenzt wieder bewegen konnte.

1948 bekamen wir unsere vierte Tochter. Ich wohnte immer noch bei meiner Schwägerin in Jäggeleben. Mein Schwager war inzwischen gestorben, und ich wollte unbedingt in den Westen. Unsere älteste Tochter bekam Tuberkulose. Meine Mutter brachte meine zweite Tochter 1949 bei Salzwedel schwarz über die Grenze zu meiner Schwester, die damals in Künzelau lebte und sie bei sich aufnahm. Ein Jahr später entschloß ich mich, mit meinen drei übrigen Kindern in den Westen zu fliehen. Zwischen Salzwedel und Uelzen gab es damals noch eine Busverbindung. Meine Mutter setzte meine Kinder in den Bus. Den russischen Soldaten, die den Bus an der Grenze kontrollierten und denen aufgefallen war, daß Kinder oft ohne Eltern mit dem Bus über die Grenze fuhren, versicherten sie glaubhaft, sie wollten zu ihrer Tante. Ich war schon vorher schwarz über die Grenze gegangen und erwartete die Kinder nun am Busbahnhof in Uelzen. Endlich waren wir in der Westzone!

Inzwischen hatte mein Mann in Stuttgart eine Anstellung in einem Büro bekommen, weil er seinen erlernten Lehrerberuf aufgrund seiner Kriegsverletzung nicht mehr ausüben konnte. Natürlich zog es mich nun gleichfalls nach Stuttgart. Das sagte ich auch den Behörden, die mir und meinen Kindern daraufhin einen Schein für Stuttgart ausstellten. Ich schickte meinem Mann ein Telegramm, wir fuhren die ganze Nacht durch, und er holte uns am 1. Juli 1950 im Stuttgarter Hauptbahnhof ab. Wir kamen in ein Lager in Kornwestheim, da mein Mann in Stuttgart als Untermieter lebte und nur ein Zimmer hatte. 1951 kamen wir alle zusammen ins Wolframheim, das sich beim Bürgerhospital befand. Dort bekamen wir ein einziges, winzig kleines Zimmer zugeteilt, in dem wir bis 1953 hausten.

Im selben Jahr, am 15. November, zogen wir als erste Familie in das Haus an der Horrheimer Straße ein. Es gab noch keinen Wasseranschluß und kein elektrisches Licht. Trotzdem waren wir sehr froh, endlich eine eigene Wohnung zu haben. Mit unseren Nachbarn verstanden wir uns immer wunderbar.

Als im Jahre 1992 mein Mann starb, reisten noch einmal alle meine Kinder, die heute zum Teil weit weg wohnen, nach Stuttgart, um von ihm Abschied zu nehmen.«

Helmut Storm aus Pommern

»Ich trat auf eine Mine, die mir den linken Fuß abriß«

Von Alexander Frohberg und Stefan Borsos

Im Jahre 1926 wurde ich als letztes von vier Kindern in Zamow, einem kleinen Dorf in Pommern, geboren. Mein Vater war dort Lehrer an der örtlichen Volksschule. Er übte diesen Beruf bis zur Vertreibung durch die Sowjetarmee im Jahre 1946 aus.

Mein Vater hatte ein gesichertes Einkommen. Zusätzlich bekam er auf dem Lande einen Hektar Ackerland zur landwirtschaftlichen Nutzung. Wir hielten uns Schweine, Enten, Hühner und Gänse. Wie es damals für einen Lehrer üblich war, hatte auch mein Vater eine Bienenzucht, die 20 Völker umfaßte.

Ich weiß noch, daß in den dreißiger Jahren täglich aus der nahen Stadt Treptow Arbeitslose als Bettler zu uns ins Dorf kamen. Einer ist mir besonders in Erinnerung. Er spielte mit einem Grammophon eine Platte ab und kam dann an unsere Tür. Im Dorf selbst gab es keine Arbeitslosen, aber die wirtschaftliche Not machte sich auch hier bemerkbar. Preise und Löhne für Agrarprodukte wurden gedrückt. Gehungert hat aber keiner im Dorf, obwohl die Arbeiterfamilien oft sehr kinderreich waren. Sie hatten ja ihr Deputat, das heißt ein Stück Acker, eine Kuh, Schweine und Geflügel sowie Brotkorn.

Obwohl mich die Politik damals noch nicht interessierte, fiel mir auf, daß häufig Wahlen stattfanden, weil das Wahllokal im Klassenzimmer gleich nebenan war. Schon damals waren auf den Wahlzetteln rund dreißig Parteien vertreten.

Im Jahre 1932 wurde ich dann im Alter von sechs Jahren eingeschult. Ich war sehr aufgeregt, obwohl der Schulweg nur sehr kurz war, nämlich von Tür zu Tür, und der eigene Vater der Lehrer. Nach einem Schuljahr konnten wir dann schon schreiben und lesen, obgleich sich mein Vater noch um sieben andere Klassenstufen kümmern mußte.

Es kam das Jahr 1933, und ich erinnere mich besonders an den 1. Mai. An diesem Tag fand im Nachbarort eine Kundgebung statt, zu der alle Leute eingeladen waren. Zur Feier dieses Tages wurden drei Eichen gepflanzt, eine für den ehemaligen Reichskanzler Paul von Hindenburg, eine für den jetzigen Reichskanzler Adolf Hitler und eine für den preußischen Ministerpräsidenten Hermann Göring. Der örtliche Pfarrer hielt dazu eine Rede.

Bald wurde ein großes »Arbeitsbeschaffungsprogramm« gestartet, und sogleich kamen weniger Bettler als vorher in unser Dorf. Das »Winterhilfsprogramm« begann im Jahre 1933, das heißt, es fanden Haus- und Straßensammlungen statt. Der Erlös kam armen und kinderreichen Familien zugute. Ich weiß noch, wie meine Mutter zusammen mit dem Ortsgruppenleiter der NSDAP in die nahe Stadt Treptow fuhr, um zu Weihnachten Kleidung für bedürftige Kinder in unserem Dorf einzukaufen. Mein Vater stand diesen Aktivitäten von Anfang an sehr skeptisch gegenüber, was ich damals noch nicht verstand. Später begriff und bewunderte ich seine Haltung um so mehr.

Im März 1933 traten viele Leute in die NSDAP ein. Mein Vater war im Kreis Greifenberg einer von zwei Lehrern, die nicht in der NSDAP waren. Alle Lehrer, die in der SPD waren, wurden zwangsweise vorzeitig pensioniert.

Im Jahre 1936 wurde ich in das Jungvolk aufgenommen und bekam meine erste Uniform – schwarze Hose, braunes Hemd. Samstagnachmittag hatte ich Dienst, der sich meistens auf Sport und Geländespiele beschränkte.

Einen großen Einschnitt in mein Leben brachte das Jahr 1937, als ich auf das Gymnasium in Bad Kolberg kam. Der Schulweg war gewaltig. War ich vorher von Tür zu Tür gegangen, so waren auf einmal 21 Kilometer zu bewältigen. Wir fuhren drei Kilometer mit dem Fahrrad zum Bahnhof und von dort aus noch achtzehn Kilometer mit der Bahn. Morgens mußte ich um sechs Uhr aufstehen, und mittags war ich um zwei Uhr zu Hause. Da das in den Wintermonaten uns Kindern nicht zuzumuten war, blieben wir in einer Pension in Kolberg.

Nicht nur der Unterricht unterschied sich stark von dem an der Dorf-
schule. Auch die ganze Atmosphäre war grundlegend anders als auf dem
Land. Hier war das nationalsozialistische System viel stärker zu spüren.
1938 bekam die Schule einen neuen Direktor – einen strammen Nazi. Wir
mußten jetzt an Feiertagen – zum Beispiel am 30. Januar oder am
20. April – in Uniform zum Unterricht erscheinen. (Am 30. Januar 1933
ernannte Hindenburg Adolf Hitler zum Reichskanzler; der 20. April war
Hitlers Geburtstag.) Der höchste Führer der Hitler-Jugend im Kreis ging
in der Schule ein und aus.

Nach Kriegsbeginn am 1. September 1939 wurde die Schule wegen
der polnischen Luftangriffe für etwa eine Woche geschlossen. Danach
ging alles wieder seinen gewohnten Gang.

Im April 1941 begann der Balkanfeldzug und im Juni der Angriff auf
die Sowjetunion. Für mich und viele meiner Freunde war das ein Schock,
war doch die Sowjetunion ein Verbündeter gewesen. Aber die Propagan-
da und die anfänglichen Siege ließen die Kritik schnell verstummen. Es
wurden immer mehr junge Männer zum Kriegsdienst eingezogen.

Gleich nach den Sommerferien dieses Jahres wurde die Schule in ein
Lazarett umgewandelt. Wir Jungen besuchten jetzt auch das Lyzeum,
abwechselnd mit den Mädchen eine Woche vormittags, eine Woche nach-
mittags. Da die Zugverbindung von Zamow jetzt nicht mehr so günstig
war, blieben wir ganz in der Pension in Kolberg. Wir konnten jetzt nur
noch am Wochenende nach Hause. Gleich am Anfang dieses Kriegswin-
ters kam ein Aufruf zur Spende von Wollsachen für die Soldaten in
Rußland. Es war jedoch bereits viel zu spät, da die meisten wegen der
sibirischen Kälte schon lange an Erfrierungen litten.

Im Jahre 1942 wurde mein älterer Bruder zur Marine eingezogen. Nun
begannen auch die Luftangriffe auf deutsche Städte. In Kolberg war auch
einige Male Fliegeralarm, aber es passierte nichts. An Weihnachten 1942
gab es keine Kerzen mehr für den Christbaum. Ich habe mit Bienenwachs
und Feuerzeugdocht welche gegossen.

1943 verschlechterte sich die Frontlage zusehends, und aus meiner
Klasse waren bereits die ersten eingezogen. Als wir im Herbst gerade auf
einem Gut zum Kartoffelsammeln waren, erreichte die gesamte siebte
Klasse die Einberufung als Marinehelfer zur Flak. Zuerst kamen wir in
ein Barackenlager auf der Halbinsel Hela. Wir wurden eingekleidet mit

einer blauen, grauen und weißen Drillichuniform. Unsere Ausbildung begann mit Marschieren und Exerzieren, aber nicht gleich am Geschütz.

Im Lager gegenüber, etwa drei- bis vierhundert Meter entfernt, war das Straflager der Kriegsmarine. Nach dem Krieg wurde es als Konzentrationslager bezeichnet. Da wir einige Male zur ärztlichen Untersuchung in dieses Lager mußten, bekamen wir mit, daß die Menschen dort in einem bedauernswürdigen Zustand waren. Ihr Essen mußten sie draußen im Stehen einnehmen. Als zwei Matrosen erschossen wurden, kamen wir am nächsten Tag zu dem Erschießungsplatz und zu den Gräbern.

Die Einweisung ins Geschützschießen folgte nach 14 Tagen an schweren 10,5-cm-Geschützen. Der Ort hieß Pogorsch und lag oberhalb von Gotenhafen. Wir taten am Vormittag unseren Dienst in der Batterie und bekamen am Nachmittag von einem Lehrer Schulunterricht. Das mißfiel uns zunächst, später waren wir jedoch froh, nicht den ganzen Tag Kommißdienst leisten zu müssen. Im Jahre 1943 befürchtete ich schon, das erste Weihnachtsfest nicht zu Hause erleben zu können. Ganz kurzfristig durfte ich doch noch nach Hause, kam mitten in der Heiligen Nacht in Kolberg an und war am ersten Feiertag morgens bei Eltern und Geschwistern. Auch mein Schwager war anwesend. Es wurde noch ein schönes Fest, auch wenn ich nach drei Tagen wieder fort mußte.

Meine Zeit als Marinehelfer war nun bald vorbei. Etwa Mitte Januar 1944 wurde ich entlassen, denn ich sollte zum Reichsarbeitsdienst (RAD) eingezogen werden. Als sich das jedoch verzögerte, ging ich in Kolberg noch für ein paar Wochen zur Schule. Am 13. Februar 1944 ging es dann schließlich zum RAD nach Danzig.

Spatenstiche und nationalsozialistische Erziehung standen hier im Vordergrund. Für die Stadt Danzig haben wir Splittergräben ausgehoben.

Wir waren dort zehn bis zwölf Wochen. Am 27. April 1944 konnte ich wieder nach Hause fahren, wo ich ein paar schöne Wochen verbrachte. Erst am 13. Juni 1944 wurde ich zur Wehrmacht eingezogen, das heißt in einen fast verlorenen Krieg geschickt. Ich hatte mich in Kulm an der Weichsel zu stellen. Es war das Kriegsersatzbataillon 374, in welchem wir unsere infanteristische Ausbildung erhielten und 50 bis 60 Kilometer am Tag marschierten. In Kulm blieb ich bis Weihnachten 1944.

Im Januar begann die Baranov-Offensive der Sowjets. Meine Einheit marschierte nach Graudenz zur Verteidigung. Die Stellung war östlich von Graudenz auf dem Gut Rodens, wo ein Grabensystem vorbereitet war. Die Russen griffen uns dort an, kamen aber nicht durch, woraufhin sie Graudenz umgingen und die Deutschen einschlossen.

Weil wir merkten, daß die Kapitulation unmittelbar bevorstand, und weil wir nicht in russische Gefangenschaft geraten wollten, haben wir uns abgesetzt. Am Tag versteckten wir uns, und in der Nacht sind wir Richtung Norden marschiert, wo wir hofften, auf deutsche Truppen zu stoßen.

Dabei trat ich auf eine Mine, die mir den linken Fuß abriß. Ich schleppte mich noch in den Schutz eines etwa zwanzig Meter entfernten verlassenen Bunkers. Russen fanden mich am nächsten Tag und brachten mich auf die Festung Courbiere, einen Festungsbau aus dem 18. Jahrhundert. In den Kasematten bei Graudenz befand sich der deutsche Hauptverbandsplatz, der den Russen inzwischen übergeben worden war. Hier wurde ich von deutschen Ärzten gepflegt.

Im Juli 1945 kam ich in ein Kriegsgefangenenlager nach Thorn. Bereits im September war ich auf einem Entlassungstransport nach Scheune bei Stettin. Hier bekam ich meinen Entlassungsschein. Auf ihm war zu lesen, über die Oder dürfe keiner nach Osten zurück.

So fuhr ich nach Berlin, wo meine Schwester Annemarie, die seit ihrer Heirat Loose hieß, eine Wohnung hatte. Leider war dort eine Familie Loose nur bis Januar oder Februar gewesen. Mir fiel dann ein Onkel namens Otto Wolsdorf ein, der in der Bergstraße eine Bäckerei hatte. Dort erfuhr ich, daß die Looses nach Plaue an der Havel geflüchtet waren. Dann erinnerte ich mich noch an einen weiteren Onkel, der Arthur Kranz hieß und in Neuwarp in Vorpommern lebte. Meine Mutter war eine geborene Kranz, und so hoffte ich, dort meine Familie zu finden, wußte ich doch, daß der größte Teil der Bevölkerung aus Pommern geflüchtet war.

So machte ich mich sofort auf. Da ich noch an Krücken ging, war das nicht so einfach. Teils zu Fuß, teils per Bahn oder Fuhrwerk erreichte ich schließlich Neuwarp, wo ich eine Nachricht meiner Schwester Annemarie vorfand: Sie seien in Schleswig-Holstein, und dort hielten sich auch unsere Eltern auf.

Im Spätherbst 1945 wurde die polnische Zone über Neuwarp ausgedehnt, und die deutsche Bevölkerung wurde auch hier ausgewiesen. Im Februar oder März '46 kam ich mit einem Transport in die Nähe von Lübeck. Da ich jetzt eine Adresse von meiner Schwester hatte, fuhr ich weiter nach Sieversdorf, Kreis Plön. Im Vergleich zu dem, was ich hinter mir gelassen hatte, war es hier fast friedlich. Viele Polen hatten sich unmenschlich gegenüber den Deutschen verhalten.

Endlich erreichte mich im Mai 1946 über eine Familie Krohn aus Kiel die Nachricht, daß auch meine Eltern in Schleswig-Holstein seien.

Im Herbst 1946 bin ich dann in eine Werkstatt für Versehrte gegangen. Es kam der sehr kalte Winter 1946/47. Wir lebten in einem Barackenlager unter ärmlichsten Verhältnissen. Der Winter schien kein Ende zu nehmen. Inzwischen wohnten die Looses in Bredstedt/Schleswig, wohin ich im Jahre 1947 gezogen bin. Mein Schwager Kurt Loose hatte mir zum 1. Mai 1947 in Lindholm eine Lehrstelle als Uhrmacher besorgt, weil ich einen sitzenden Beruf brauchte. Ich war 21 Jahre alt.

Kurz nach Beginn meiner Lehre starb mein Vater am 14. Mai 1947. Ich beendete meine Lehre und blieb bei den Looses, bis diese 1951 nach Köln zogen. Anschließend hielt ich mich noch in Lech, Garding und wieder in Bredstedt auf. Da die beruflichen und wirschaftlichen Verhältnisse in Schleswig-Holstein sehr schlecht waren, machte ich mich im Oktober 1955 nach Stuttgart auf, um dort als Uhrmacher bei der Firma diCenta zu arbeiten. Mit meiner Mutter zusammen zog ich nach Stuttgart-Rot, wo wir in der Offenauer Straße 4 eine Drei-Zimmer-Wohnung hatten.

Im November 1956 traf meine Mutter in Stuttgart, vor einem Schaufenster stehend, eine ihrer Nichten wieder. Sie hatten sich seit der Vertreibung nicht mehr gesehen, und die Freude war groß. Diese Nichte ist eine Tochter aus erster Ehe der pommerschen Bäuerin Minna Storm aus Altbork. In vierter Ehe hatte Minna Storm meinen Onkel, einen Bruder meines Vaters, geheiratet. Ich besuchte meine Cousine, und so begegnete mir ihre älteste Tochter Waltraud wieder. Bald darauf kaufte Waltraud eine Kuckucksuhr für ihren Vater im Uhrenhaus diCenta, in dem ich als Uhrmacher tätig war.

Es war wohl Liebe auf den ersten Blick. Wir haben uns bereits im selben Jahr, am 15. Dezember 1956, verlobt, mit der Absicht, möglichst bald zu heiraten. Meine Schwiegereltern lebten in Giengen an der Fils, wo wir am 8. Juni 1957 in der ältesten evangelischen Kirche Württembergs geheiratet haben. Noch am gleichen Tag fuhren wir in unsere Wohnung in Stuttgart-Rot, wo am 12. April 1958 unser ältester Sohn Martin Arthur zur Welt kam. Da jetzt das Zimmer bei meiner Mutter zu klein war, bekamen wir eine Zwei-Zimmer-Wohnung am Zuffenhäuser Stadtpark. 1963 zogen wir in den Rotweg zurück und bekamen dort unseren zweiten Sohn, Detlef Edward. Im Jahre 1969 haben wir ein Uhren- und Goldwarengeschäft eröffnet. Am 3. Dezember 1973 wurde der jüngste Sohn, Heiko Lothar, geboren.

Unser ältester Sohn Martin verunglückte tödlich, als er am 10. März 1985 beim Prüfungsflug für die Fluglizenz abstürzte.

Seit 1985 wohnen wir auf dem Freiberg, und ich hoffe, dort einen geruhsamen Lebensabend zu verbringen.

Ursula Foresti aus Schlesien

»Kurz vor Breslau hörten wir, es wimmele in der Stadt von betrunkenen Russen«

Von Erik Schermann und Claudia Schinköthe

Ich heiße Ursula Foresti und wurde 1920 in Hennigsdorf bei Breslau geboren. Breslau ist die Hauptstadt von Schlesien, eine sehr schöne und alte Stadt. Sie wurde im 13. Jahrhundert gegründet und wird durch die Oder in zwei Hälften geteilt. Das Rathaus sowie mehrere Kirchen in der Innenstadt sind für ihre schöne Bauweise bekannt.

Mein Mann kommt auch aus Breslau, kennengelernt haben wir uns jedoch in Wilhelmshaven an der Oder. Ich war damals neunzehn und hatte noch keinen Freund. An einem schönen Sonntag bin ich mit meiner Freundin an der Oder spazierengegangen, und als es plötzlich zu regnen anfing, mußten wir in einem Lokal Unterschlupf suchen. Die Kapelle spielte gerade zum Tanz. Da kam ein junger Mann zu uns und sagte zu mir: »Fräulein, Sie tanzen immer nur mit anderen, tanzen Sie doch auch einmal mit mir!«

Als wir später das Lokal verließen, schwebte ich im siebten Himmel. Die nächste Woche verging wie im Traum, und als der Sonntag kam, wollte ich unbedingt wieder nach Wilhelmshaven. Meine Freundin wunderte sich darüber nicht sehr und fragte nur: »Glaubst du, er steht immer noch da, der vom vorigen Sonntag?«

Und als ob er diese Worte gehört hätte, stand mein Schwarm wieder dort. So hat sich das alles entwickelt. Genau ein Jahr nach unserem ersten Treffen haben wir geheiratet. Mein Mann ist schon sehr bald zur Armee eingezogen worden. Ich wußte damals nicht, daß wir sieben Jahre getrennt sein würden. Wir wurden am 27. Januar 1945 aus Henningsdorf ausgewiesen, nachdem die Russen bei Posen durchgebrochen waren.

Meine Eltern hatten in Hennigsdorf eine Autowerkstatt mit Tankstelle. So kam es, daß wir ein Auto und Benzin hatten. Das haben wir dann vollgeladen, ließen aber viele Sachen zurück, die wir später holen wollten. Einer von der Räumungs-SS meinte, dies werde nicht gehen. Als wir es aber trotzdem versuchen wollten, zückte er seine Maschinenpistole und erschoß unseren Hund, den wir eigentlich auch mitnehmen wollten. Er sagte, wir müßten unserer Heimat endgültig den Rücken kehren.

Wir hatten auch ein paar Nachbarn einsteigen lassen. Doch da wollte unser Auto nicht anspringen. Ein Pole, der als Ostarbeiter in der Landwirtschaft eingesetzt war, half uns mit seinen Pferden, den Wagen zum Laufen zu bringen. Es war ein schmerzhafter Abschied voller Angst und Wut. Unser Wagen war gerammelt voll. Meine damals dreijährige Tochter saß bei der Oma auf dem Schoß.

Es war ein herrlicher, sonniger Tag, aber sehr kalt. In Schlesien sind die Winter ja kälter als hier. Auf dem Weg nach Breslau bildeten wir mit anderen Landsleuten einen Autotreck. Die Brücken am Ende der Stadt waren aber schon fast alle vermint, denn Breslau sollte in eine Festung verwandelt werden. So waren wir nahezu die letzten, die aus der Stadt herauskamen.

Wir gelangten ins Riesengebirge und wurden dort von einem Bauern aufgenommen. Ich mußte sofort zum Panzersperrenbauen. Man hatte damals alles, was Arme und Beine hatte, in den Volkssturm aufgenommen. Uns junge Frauen hat man entweder in die Rüstungsfabriken oder zum Panzersperrenbau geschickt. Dies dauerte bei mir aber nicht lange, schon bald konnte ich in einem Kindergarten arbeiten.

Als der Krieg dann am 8. Mai 1945 aus war, wollten wir wieder zurück nach Hennigsdorf. Da uns die Russen das Auto weggenommen hatten, mußten wir die ganzen 125 Kilometer zu Fuß zurücklegen und zwischendurch auf Bauernhöfen übernachten. Ich weiß nicht mehr, wie viele Tage wir dafür brauchten. Kurz vor Breslau erreichte uns die Nachricht, daß es in der Stadt von betrunkenen Russen nur so wimmelte. Deshalb gingen wir direkt nach Hennigsdorf. Schon nach acht Tagen wurden wir wieder aus unserem Haus vertrieben, kamen aber nach einer Woche erneut zurück.

Doch was wir dort vorfanden, glich nicht dem, was wir verlassen hatten. Die Werkstatt und unser Haus waren total verwüstet, die Tanksäulen waren umgeschmissen, alle Möbel zerschlagen, und überall herrschte ein unvorstellbares Chaos. Wir sind aber trotzdem geblieben. Mein Vater hat dann als Mechaniker bei einem russischen Major gearbeitet, und ich mußte bei einem Polen auf dem Feld helfen. Ich war aber froh, aus dem Haus zu sein, denn im Haus mußte man die ganze Zeit fürchten, daß die Russen kommen könnten.

1947 bin ich dann aus Hennigsdorf herausgekommen. Das war gar nicht so leicht. Ich hatte mich als kaufmännische Angestellte eines Klosters ausgeben müssen, was ja gar nicht stimmte. Meine Eltern sind damals vorläufig in Hennigsdorf geblieben. Meine Tochter und ich fuhren mit einem Güterwaggon bis an die Grenze. Dort mußten wir uns zur Entlausung ausziehen. Meiner Kleinen gefiel das natürlich gar nicht. Am nächsten Tag ging es weiter nach Altenburg in Thüringen. Dort wiederholte sich die Entlausungsprozedur, und außerdem wurden wir noch von einem Arzt untersucht. Danach kamen wir in ein ehemaliges Arbeitslager nach Rudolstadt.

Nach sechs Wochen bekam ich dort die erste Nachricht von meinem Mann. Wir hatten seit zweieinhalb Jahren nichts mehr voneinander gehört. Da war die Überraschung natürlich groß, als er eines Tages vor der Tür stand. Ich sagte nur: »Ach, du bist es?!« Er lächelte und antwortete: »Ist das alles? Wen hast du denn erwartet?« Er sah ganz schmal und ausgehungert aus und trug eine seltsam gefärbte Uniform. Er war im Krieg bei einem Flak-Regiment in Norddeutschland stationiert, wurde am Ende des Krieges von den Amerikanern gefangengenommen und kam dann in französische Gefangenschaft.

Jetzt schildert uns auch Herr Foresti seine Erlebnisse: »Ich war zuerst in Holland stationiert, aber bald wurde die Flak-Batterie, bei der ich für die Instandhaltung der Geräte verantwortlich war, nach Frankreich zu einem großen Flughafen verlegt. Die Amerikaner haben den Flughafen oft bombardiert, und so hatten wir ziemlich viel Arbeit. In einer hellen Nacht hatten unsere Flaks und die Nachtjäger 80 viermotorige amerikanische Bomber abgeschossen. Flugzeugteile fielen vom Himmel wie Regen, und man hatte Glück, wenn man nichts abbekam. Unsere Stellung galt als ziemlich sicher. Sie war in einen Kalksteinberg gehauen, und es wurden dort hauptsächlich Soldaten mit kinderreichen Familien stationiert. Dort habe ich für den Rest des Krieges gelebt. Aber selbst

wenn ich an die schlimmsten Tage des Krieges und der Gefangenschaft zurück-
denke, kann ich sagen, daß ich nicht halb so viel durchgemacht habe wie meine
Frau.«

Mein Mann konnte eigentlich schon 1945 entlassen werden, doch wußte er nicht, wohin er gehen sollte. Ich habe mich dann bei der Schwiegermutter gemeldet, und auch er hat ihr einen Brief geschickt. So hat er uns dann gefunden. Ich hatte mir das Wiedersehen immer schöner ausgemalt, die Überraschung, die Freude; aber alles kam dann so plötzlich. Unsere Tochter hat ihren Vater kaum gekannt und wunderte sich, was der fremde Mann in der Wohnung suchte. Sein Bruder war auch dabei. Er und seine Familie waren als Flüchtlinge nach Norddeutschland gekommen. Wir haben uns dazu entschieden, zu ihnen zu ziehen.

Dann ging es schwarz über die Grenze nach Norddeutschland. Wir mußten zu sechst in einem kleinen Zimmer wohnen. Mein Mann war in dieser Zeit noch arbeitslos. Alles, was wir damals hatten, waren drei große Säcke. In einem waren unsere Bettsachen drin, im anderen unsere Kleider, die man eher Lumpen nennen konnte, und im dritten war alles mögliche zusammengewürfelt. So haben wir unser neues Leben angefangen.

Lange konnte das so nicht weitergehen. Wir suchten uns ein eigenes Zimmer, und mein Mann bekam auch wieder eine Arbeitsstelle. In dieser Zeit kam dann unser Sohn zur Welt. So ging es langsam bergauf, bis mein Mann von Siemens in Stuttgart ein Angebot bekam. Er fuhr erst einmal allein hin, arbeitete dort ein Jahr und holte uns schließlich 1956 zu sich.

Es hat uns hier gefallen, und so sind wir geblieben. Ich war über zehn Jahre in der Pflege ehrenamtlich tätig, habe danach ein paar Gymnastikkurse gemacht und helfe jetzt im Altenheim Rollstuhlfahrern, die sich nach Schlaganfällen mit Sitzgymnastik fithalten wollen. Mein Mann ist ja auch gehbehindert. Das kommt sicher von dem vielen Rauchen. Jetzt raucht er sehr viel weniger, aber meiner Meinung nach immer noch zuviel. Ich bin auch deswegen so gegen das Rauchen, weil meine Schwiegertochter, die ebenfalls sehr viel geraucht hat, mit vierzig nach einem Schlaganfall gestorben ist.

Theresia Mehler aus dem Sudetenland

»Alle Deutschen mußten weiße Armbinden tragen«

Von Ulrike Nell und Cornelia Thömmes

Frau Mehler stammt aus dem Sudetenland. Das Sudetenland liegt größtenteils im heutigen Tschechien. Im Süden, Westen und Norden wird es durch das Sudetengebirge begrenzt. Dieses besteht aus dem Böhmerwald, dem Erzgebirge und dem Riesengebirge.

Frau Mehler wurde 1908 in Kaaden an der Eger geboren, das am Fuße das Erzgebirges liegt. Ihr Vater war Geschäftsmann, ihre Mutter Hausfrau. Sie hatte noch drei weitere Geschwister. Sie und zwei ihrer Schwestern haben studiert. 1914, als Frau Mehler in die Schule kam, gab es noch keine Tschechoslowakei.

Sie hat mehrere Regimes miterlebt, auch die österreichisch-ungarische Monarchie, in der Frau Mehler in der ersten Klasse noch das Kaiserlied singen mußte. Nach fünf Jahren Volksschule und einem Jahr Bürgerschule besuchte sie das Staatsrealgymnasium und lernte dort Latein, Französich und Tschechisch, das für sie ebenfalls eine Fremdsprache war. Kaaden hatte zu dieser Zeit zehntausend Einwohner und war eine Schulstadt.

1919 sollte die Tschechoslowakei gegründet werden. Der 4. März 1919 ging als Bluttag in die Geschichte ein. Die Tschechen und die Deutschen wollten am Rathaus von Kaaden ihre Fahnen hissen. Es kam zum Streit. Hinter dem Postgebäude und einem Hotel hielten sich Tschechen versteckt und schossen wahllos auf die Leute, die gegen die Staatsgründung und Fahnenhissung demonstrierten. Es gab 24 Tote.

In den öffentlichen Ämtern wurde mindestens die Hälfte der deutschen Beamten entlassen. An ihrer Stelle wurden Tschechen eingestellt.

Es wurde auch eine tschechische Schule eröffnet. Die deutschen Beamten wurden gezwungen, ihre Kinder in diese Schule zu schicken.

Nachdem Frau Mehler ihr Abitur in Tschechisch abgelegt hatte, ging sie auf die Lehrerbildungsanstalt in Komoton. 1929 war sie schließlich fertig ausgebildete Lehrerin. Sie ging dann für ein Jahr als Privatlehrerin in die Slowakei.

1938, beim Einmarsch der deutschen Truppen, war Theresia Mehler nicht dabei. Danach gab es in Kaaden nur noch einen Tschechen, einen Schneider. Deshalb galt Hitler für die Bewohner von Kaaden als »Rettung«. Die tschechische Armee war trotzdem überall.

Mit dem Ende des Zweiten Weltkrieges kam der große Zusammenbruch. Am 8. Mai 1945 kamen zu den bereits wieder einmarschierten Tschechen noch die Russen hinzu, wenig später auch noch die Polen. Die Folgen waren ausgeraubte Privathäuser, geplünderte Geschäfte und sehr viele Vergewaltigungen. Eines Tages wurde am Marktplatz ausgerufen, daß sich alle deutschen Mädchen und Frauen zum Putzen der Häuser, in denen sich Russen oder Tschechen aufhielten, melden mußten. Wer zu Hause angetroffen wurde, sollte auf der Stelle erschossen werden. Zu dieser Zeit mußten alle Deutschen weiße Armbinden tragen. Sie durften nicht mehr auf dem Gehweg gehen, sondern mußten die Straße benutzen.

Nachdem sie sich zum Putzen gemeldet hatte, kam Theresia Mehler zusammen mit fünf anderen in die Schule, in der sie einmal unterrichtet hatte. Dort trafen die sechs Frauen mehrere Offiziere mit ihren Soldaten an. Ein Soldat teilte sie zum Arbeiten ein. Frau Mehler war gerade mit dem Reinigen eines Raumes beschäftigt, als ein Soldat kam, auf sie zeigte und ihr sagte, sie solle mitkommen. Der Tscheche trieb sie auf den Dachboden der Schule. Dort hingen SA- und SS-Uniformen. Von einer dieser Uniformen sollte sie sich einen Putzlappen herausschneiden. Plötzlich kam er auf sie zu, zog die Hose herunter und wollte sie vergewaltigen. Frau Mehler handelte geistesgegenwärtig, indem sie sich heftig wehrte und ihn trat. Dann rannte sie die Treppe hinab und meldete den Offizieren, was passiert war. Der Soldat wurde bestraft.

Etwas später im Jahr mußte die gesamte Bevölkerung auf dem Marktplatz antreten. Alle, die sich nicht einfanden, wurden erschossen, sofern es sich nicht um Kranke oder Bettlägerige handelte. Ein Mann hielt auf einer Tribüne eine Rede. Dann kamen tschechische Soldaten, die sieben deutsche Männer vor sich hertrieben. Die Tschechen stellten sich vor den Männern auf und erschossen sie vor den Augen der versammelten Einwohner. Deutsche Männer mußten die Toten auf einen Wagen laden.

Ebenfalls 1945 begannen die sogenannten Aussiedlungen, die regelrechte Vertreibungen waren. Frau Mehler wurde von ihrer Familie getrennt. Ihre Schwester und deren fünfjähriges Kind wurden abgeholt und in die Zuckerfabrik Kaaden-Brunnersdorf gebracht. Frau Mehler kam schließlich auch dorthin. Sie erzählt:

> Man wußte nie genau, wann sie kommen. Als dann zwei Soldaten kamen, mußte man seinen gesamten Schmuck auf einen Tisch legen. Diesen nahmen die Soldaten dann an sich. Jeder von uns durfte fünfzig Mark und einen Rucksack von 25 Kilogramm Gewicht mitnehmen. Außerdem mußte man so viel wie möglich von seinem Hausrat tragen und in ein anderes Haus bringen.

Von dort aus ging es dann zu einem Lager der Tschechen. Dort herrschten fürchterliche Zustände. Frau Mehler erinnert sich: »Wenn jemand Zigarettenstumpen von Wachmännern aufhob, wurde er brutal zusammengeschlagen.«

Die Kinder wurden täglich vom Roten Kreuz mit Milch versorgt. Außerdem brachten Verwandte, die noch in der Stadt lebten, von dem, was sie auftreiben konnten, ins Lager. Auch Russen halfen. Die Frau eines Fachlehrers und Frau Mehler mußten zwölf Monate lang in einem Büro aufschreiben, wer nach Sachsen gebracht wurde.

Es leben heute noch Zeugen, die bestätigen, daß Frau Mehler drei Mütter mit ihren Kindern auf die Liste setzte: »Sie hatten so große Angst vor Vergewaltigungen.«

Zwei junge Mädchen wurden von den Tschechen vor Gericht gebracht. Sie sollten aussagen, wer früher in der Hitlerjugend war. Sie sagten nichts, weil sie nichts wußten, da sie nicht in Kaaden gelebt hatten. Daraufhin setzten sich tschechische Soldatinnen auf die nackten Mädchen und mißhandelten sie brutal.

Frau Mehler erzählt weiter:

> Am 22. August 1946 schrieb ich mich selbst auf die Liste. Es war schrecklich, was im Lager passierte. Es gab dort ein Ehepaar. Die Frau wurde vor den Augen ihres Mannes erschossen. Er mußte sie selber begraben.

In einem Transport wurden die Menschen über die Grenze gebracht und dort entlassen. Aus Gera wurden sie gleich wieder vertrieben. Im nächsten Zug traf Frau Mehler eine Bauernfamilie. Zusammen gelangten sie schließlich ins westliche Thüringen. Dort wurden sie von vielen Leuten, die ihnen helfen und sie aufnehmen wollten, begrüßt.

Frau Mehler wurde von einer Frau Kaiser beherbergt. Sie durfte ins Bad, ihre Kleider und sich selbst waschen. Geld hatte Frau Mehler schon lange nicht mehr. Man bekam für fünfzig Pfennig Suppe im Rathaus. Die Bauernfamilie, mit der sie zusammen geflohen war, half Frau Mehler immer wieder.

Theresia Mehler ging jeden Morgen zur Kirche. Schließlich wurde sie dem Pfarrer vorgestellt. Sie fragte ihn, ob er Lehrer kenne, weil sie wieder in ihrem Beruf arbeiten wollte. Der Organist war Lehrer und nahm Frau Mehler mit. In Mühlhausen in Thüringen mußte sie erst einmal eine Umschulung machen. Schließlich kam sie ins Schulamt, wo man ihr eine Stelle in Falken an der Serra anbot. Aber der Organist, der ihr schon anfangs geholfen hatte, riet ihr, dort nicht hinzugehen; es sei ein evangelisches Dorf, in dem keine Katholikin angestellt würde. Das nächste Mal bekam sie ein Angebot aus Wendehausen, wo kein Unterschied in der Konfession gemacht wurde. Dort konnte sie als Lehrerin arbeiten.

Doch nach einem Erlaß aus Weimar verlor sie ihre Stelle wieder, weil sie Mitglied der NSDAP gewesen war. Wie auch ihr zukünftiger Mann, der ebenfalls Lehrer war, wurde sie später wieder eingestellt, da fast alle damals in der Partei gewesen waren. Bald heiratete sie. Bis 1954 führten sie eine harmonische Ehe, und sie unterrichteten zu zweit die ganze Schule.

Später wurde Frau Mehler erneut entlassen. Sie lebte in der folgenden Zeit in einer sehr religiösen Familie, für die sie strickte, kochte und den ganzen Haushalt besorgte. Die Menschen waren wie Eltern zu ihr.

Frau Mehler lebte schon vier Jahre lang bei ihnen, als die Russen ins Dorf kamen. Herr Müller, der Familienvater, bot ihnen das Zimmer von Frau Mehler an, doch nachdem sie diesen ihren Paß gezeigt und erzählt hatte, daß sie Heimatvertriebene sei, verzichteten die Russen auf das Zimmer.

Frau Mehler war zu einer Landfrau geworden. Doch sie wollte wieder in ihren Beruf zurück. Also fuhr sie aufs Schulamt, wo man sie fragte, ob sie sowjetische Pädagogen kenne, was Frau Mehler verneinen mußte. Daraufhin gab man ihr russische Bücher mit nach Hause, und sie fing regelrecht zu studieren an. Bis 1961 unterrichtete sie an der Schule in Wendehausen Deutsch und Biologie.

Danach wurde das Dorf Sperrgebiet, denn es lag in der Fünf-Kilometer-Sperrzone. Zwei Baracken wurden gebaut für die Grenzsoldaten der DDR. Frau Mehler bekam vom Schulamt die Anweisung, die Soldaten in Deutsch zu unterrichten.

Frau Mehler blieb insgesamt 31 Jahre in dem Dorf. Am 22. Oktober 1975 starb ihr Mann. 1976 fuhr sie nach Stuttgart, wo ihre Mutter, die 1947 aus dem Lager gekommen war, gemeinsam mit ihrer Schwester wohnte. Frau Mehler ging zwar noch einmal zurück in die DDR, kam aber nach dem Trauerjahr wieder nach Stuttgart und blieb als »Übersiedlerin aus Mitteldeutschland« hier.

Sieben Monate wohnte sie bei ihrer Schwester, bis sie 1977 eine eigene Wohnung beziehen konnte. In dieser Wohnung wird sie nun bleiben.

C. D. aus Stuttgart

»Ich bin damals noch im Neckar geschwommen alle Lagen«

Von Dominik Scharnbeck und Ulrich Pieper

Ich wurde 1906 in der Holzgartenstraße in Stuttgart als Tochter eines wohlhabenden Kohlenhändlers geboren. Heute steht an dieser Stelle das Max-Kade-Haus.

Meine Vorfahren kommen aus Großheppach im Remstal. Mein Vater übernahm die Kohlenhandlung, die schon mein Großvater geführt hatte. Sie befand sich im Erdgeschoß unseres Hauses und grenzte mit einem Bretterzaun unmittelbar an das Gelände an, auf dem früher die Robert-Bosch-Werke ihren Sitz hatten. Noch der alte Robert Bosch wollte uns das Gelände der Kohlenhandlung abkaufen, um sein Betriebsgelände erweitern zu können. Doch das ließen wir und die anderen Hausbewohner nicht zu.

Ich besuchte die Schloßmittelschule, die sich in der Nähe unseres Hauses befand, und schloß sie erfolgreich ab. Für damalige Verhältnisse war es eine außergewöhnliche Angelegenheit, wenn ein Mädchen auf eine weiterführende Schule ging.

Eine gute Schulbildung«, so betont C. D. immer wieder, »ist sehr wichtig für den weiteren Lebensweg. Man kann in wirtschaftlich schlechteren Zeiten tiefer gehen und, wenn es dann besser aussieht, auch wieder höher steigen. Nach dem Abschluß der Mittelschule heiratete ich einen Kaufmann, der ein Freund meines Vetters war und aus Kleinheppach stammte. Er besaß ein Großhandels- und Auslieferungslager für Verpackungsmaterial im alten Friedrichsbau. Dort arbeitete ich mit. 1938 bekam ich eine Tochter, zwei Jahre später einen Sohn. Meine Tochter besuchte das Gymnasium, ihr Bruder ging auf die Realschule.

Mein Mann hatte in seiner Kindheit spinale Kinderlähmung, die aber bis auf eine Rückgratverkrümmung wieder verschwand. Trotz dieser leichten Behinderung wurde er im Zweiten Weltkrieg zur Wehrmacht eingezogen. Als er einmal im Lazarett lag, lernte er einen Arzt kennen. Dieser wunderte sich, wie man meinen Mann überhaupt hatte einziehen können. Wir versorgten damals einige Juden, die zu unserer Kundschaft gehörten, mit Essen, da ihnen von den Nazis weniger Essenmarken zugeteilt wurden. Wir vermuteten, daß mein Mann deshalb eingezogen wurde. Anfangs war er in der Verwaltung tätig. Dann mußte er in die Militärschule nach Karlsruhe und kam schließlich an die Front.

In dieser Zeit führte ich unser Geschäft mit einem Lehrling allein weiter. Wenn mein Mann Heimaturlaub hatte und nach Hause kam, überprüfte er die geschäftlichen Angelegenheiten und half mit.

Nachdem mein Mann an die Front gekommen war, verließ ich mit meinen beiden Kindern unser Haus an der Holzgartenstraße, weil wir Angst vor den Luftangriffen der Alliierten auf das benachbarte Robert-Bosch-Werk hatten. Nun folgte eine hektische Zeit, in der wir bei verschiedenen Bekannten und Verwandten lebten. Zuerst kamen wir bei unserem Lehrling in Weissach unter. Ich führte unseren Betrieb noch eine Weile weiter, doch gab ich ihn schließlich auf. Ich wollte mit meinen Kindern unseren Lehrling nicht weiter belasten, deshalb zogen wir zu Verwandten nach Vaihingen. In der Zwischenzeit war unser Haus in der Holzgartenstraße durch Luftangriffe zerstört worden, und im September 1944 fiel mein Mann in der Normandie bei Cherbourg.

Als der Krieg aus war, lebten wir noch bei verschiedenen Verwandten. Meine Schwester arbeitete im Rathaus. Die Mitarbeiter dort wurden bevorzugt behandelt, was die Beschaffung von neuem Wohnraum anging. Deshalb konnte sie, bevor dieses Haus hier in Rot überhaupt gebaut wurde, eine Wohnung für mich und meine Kinder reservieren.

Mit 65 Jahren habe ich nicht mehr gearbeitet, aber ich half noch im Ladengeschäft meiner Tante an der Schloßstraße mit. Dort wurden Schreibwaren, Zeitungen und Schulartikel verkauft. Seit ich nicht mehr da war, lief das Geschäft nicht mehr.

Ich lebe nun seit 1968 in dieser Wohnung. Mit meinen Hausgenossen komme ich gut aus. Man sagt halt ›Grüß Gott‹ und ›Ade‹. Ich würde sagen, wir sind ein gutes Haus. Mit einer ausländischen Nachbarin habe ich etwas Probleme, da sie mit ihren Kindern meine Wohnung haben will, die größer ist als ihre.«

Während C. D. erzählt, kommt am späten Nachmittag ein Mann, der für sie die Einkäufe erledigt, da sie selbst Beschwerden mit ihren Beinen hat. Sie will überhaupt nicht begreifen, daß sie nicht mehr »springen« kann.

»Früher bin ich noch im Neckar geschwommen, alle Lagen. Als ich das letzte Mal, das liegt schon ein Jahr zurück, zum Schwimmen ging, kriegte ich in der Rückenlage nicht einmal mehr den Arm ganz herum. Das will mir als alte Sportlerin überhaupt nicht ins Hirn. Jeden Mittwoch gehe ich zum Altenclub, aber auch nur, damit ich etwas Abwechslung habe. Ein Sportverein wäre mir lieber.

Das Stuttgart von heute kann man nicht mit dem von damals vergleichen. Schon allein die Leute sind ganz anders. Das sind keine alten Stuttgarter. Hier in Rot kann man die alten Stuttgarter an den Fingern abzählen. Damals brauchten wir eigentlich keine Polizei. Früher haben wir unsere Angelegenheiten unter uns geregelt. Zum Beispiel ist einmal der Zeitungsausträger mit seinem Fahrrad und den Zeitungen, die er auf seinem Gepäckträger hatte, an unserem Haus vorbeigefahren. Plötzlich kam ein SS-Kurier daher und wollte ihm die Zeitungen vom Fahrrad reißen. Mein Hausherr stand am Fenster seiner Wohnung und pfiff. Da wurde der Kurier abgeschreckt und ließ von ihm ab. Wissen Sie, so haben wir Stuttgarter uns immer gegenseitig geholfen.

Ich bin froh, daß ich jetzt schon so alt bin. Ich möchte nicht mehr jung sein, denn ich bin mir sicher, daß wir es früher besser hatten als die Jugendlichen heute. Damals waren die Menschen noch natürlicher und gerechter als heute.

Aurelia Meißner aus Frankreich

»Dann war das Dorf besetzt, und wir sollten nach Deutschland zum Arbeiten«

Von Erik Schermann und Claudia Schinköthe

Ich heiße Aurelia Meißner. Ich wurde am 10. Dezember 1925 im Département Sol-et-Loire in der Nähe von Dijon geboren.

Uns ging es eigentlich ganz gut in Frankreich. Mein Vater arbeitete bei der Firma Schneider. Das war eine Kanonenfabrik. Dort hat man Kanonen gebaut, die nach Deutschland geschickt wurden. Wir lebten in Wohnungen der Firma. Die waren günstig, und wir haben Kohle und Holz umsonst bekommen.

Ich hatte vier Geschwister. Zwei von Ihnen sind bei der Invasion umgekommen. Meine Stiefschwester Rosa lebte in Marseille, und mein Stiefbruder Henry arbeitete später in Esslingen-Mettingen in einer Munitionsfabrik. In Deutschland hat es ihm nicht gefallen, darum ist er desertiert und schwarz über die Grenze. Damit man ihn nicht schnappen konnte, versteckte er sich. Meine Schwägerin wußte immer, wo er sich gerade aufhielt, und hat ihm dann etwas zu essen zukommen lassen. Als die Amis kamen, war Henry endlich frei.

Obwohl er nur mein Stiefbruder war, liebte ich ihn, als wäre er mein richtiger Bruder. Jetzt lebt er wieder in Frankreich.

In meiner Jugend war ich in einer Clique von fünf Leuten. Wir sind oft durch die Wälder gezogen und haben dabei gesungen. Ich glaube, die Jugend von heute kennt nicht mehr so viele Wanderlieder wie wir damals. Manchmal haben wir den Bauern auf dem Feld geholfen. Ich denke, daß wir es damals viel besser hatten als die Jugendlichen heute.

Doch als dann der Krieg kam, war die unbeschwerte Zeit auch für uns vorbei. Im Jahre 1940 kamen die ersten Deutschen, und unsere Schule wurde geschlossen. Es war schrecklich anzusehen, wie sie alles zerstörten, was ihnen in den Weg kam.

Ich kann mich noch sehr gut an eine Szene erinnern. Es war auf einem Feld. Da lagen sechs oder sieben tote Soldaten zwischen Munition und Gewehren.

Ich weiß nicht, ob es Deutsche oder Franzosen waren. Sie hatten die Augen weit offen, es war grauenvoll anzusehen. Wir holten dann jemanden, der sie auf einem Lastwagen wegtransportierte.

Dann hieß es, das Dorf wäre besetzt, und wir sollten nach Deutschland zum Arbeiten.

So kam ich am 5. Januar 1942 nach Berlin. Da bei unserer Ankunft keine S-Bahn mehr fuhr, mußten wir die ganze Nacht im Bahnhof Friedrichstraße verbringen. Am nächsten Morgen kamen wir ins Sammellager nach Schöneberg. Dort war es furchtbar, einer neben dem anderen, jeder saß auf den wenigen Dingen, die er mitgenommen hatte. Am Abend sind dann die von den Firmen gekommen und haben sich Arbeiter herausgesucht.

Ich kam zur Firma Fritz Werner, das war eine Munitionsfabrik. Damals war ich gerade mal 16 Jahre alt, aber das hat die nicht gejuckt, das war denen egal, Hauptsache, sie hatten ihre Arbeitskräfte. Ich war in der Härtereiabteilung und mußte Stahlblöcke erhitzen, damit man sie anschließend in einem Ölbad abkühlen lassen konnte.

Der Meister Becker hat mich nach kurzer Zeit in die Heizungsabteilung gebracht. Wahrscheinlich tat es ihm leid, daß ich so hart arbeiten mußte. Wir mußten zwölf Stunden am Tag schuften.

Wir waren in einem Lager der Firma untergebracht, und für die Nacht hatten wir einen mit Papierschnitzeln gefüllten Schlafsack und zwei Decken bekommen.

Später kamen Russenmädchen in unser Lager. Mit einer von ihnen teilte ich heimlich mein Essen, sie bekamen ja noch weniger als wir. Dabei mußte man sehr aufpassen, nicht erwischt zu werden, weil man sonst riskierte, selbst weniger Essen zu bekommen.

Einmal bin ich zu schnell die Treppe runtergerannt und habe mir dabei den Fuß verstaucht. Als ich am nächsten Tag im Lager bleiben wollte, um meinen Fuß zu schonen und mich auszuruhen, sagte man mir: »Du bist nicht zum Faulenzen hier, sondern zum Arbeiten!« So mußte ich mit meinem verstauchten Fuß arbeiten. Ich band mir notdürftig ein altes Handtuch um den Knöchel, damit er nicht noch weiter anschwoll. Einen Sanitäter gab es im Lager nicht.

Sonntags mußten wir unentgeltlich arbeiten. Als ich einmal sagte: »Der Hitler soll mich doch am A... lecken!« wurde ich von der Arbeit geholt. Mein Meister hat mir dann aus der Sache wieder herausgeholfen. Er war einfach Klasse und meinte: »Wenn du noch einmal so etwas sagen möchtest, dann sag es mir, damit es die anderen nicht hören.« Mein Meister hatte selbst einen Sohn, der beim Militär war. Er hat mich wie eine eigene Tochter behandelt. Auch seine

Aurelia Meißner 1942

Frau hat mir ab und zu ein doppeltes Brot mitgeschickt, obwohl sie mich gar nicht kannte.

1942 gab es einen Brand in der Firma Fritz Werner. Wir waren gerade im Keller, und über uns loderte das Feuer. Dann kamen Rettungsleute in Schutzanzügen und mit Gasmasken. Die haben so sehr nach Rauch gestunken, daß uns schlecht wurde. Seit diesem Erlebnis habe ich extreme Platzangst, besonders in Kellern oder Bunkern.

Als ich Hitler einmal bei einer Parade in Berlin sah, war ich enttäuscht. So mickrig hatte ich ihn mir nicht vorgestellt. Da dachte ich mir: »So ein kleiner Mann will die Welt erobern – ganz wie Napoleon!«

Es waren harte Zeiten. Mein Vater war damals in Nürnberg, mein Bruder in Mettingen, meine Schwester war mit mir in Berlin und meine Mutter noch in Frankreich. Mein Vater hat versucht, die Familie zusammenzubringen, doch das war gar nicht so einfach.

Eines Tagen bekam ich einen Brief: »Sie haben sich innerhalb von 24 Stunden bei der Firma Bauknecht GmbH, Welzheim, zu melden!«

Mein Vater hat damals bei Bauknecht in der Klingenmühle gearbeitet. Das ging alles über die Gestapo. Das habe ich aber nicht gewußt, und so habe ich den Brief zerrissen.

Dann kam noch einmal ein Brief, und der Dolmetscher hat gesagt: »Sie müssen ...«

Da meinte ich: »Was heißt: Ich muß? Ich muß gar nichts! Wie soll ich denn nach Welzheim kommen, ich kenn' mich doch da nicht aus!«

So haben mich der Dolmetscher und noch ein anderer Mann zum Bahnhof gebracht, mir eine Fahrkarte in die Hand gedrückt und gesagt: »In Stuttgart müssen Sie umsteigen.«

Das war leichter gesagt als getan, denn damals konnte ich noch nicht Deutsch sprechen. Als ich dann in Stuttgart ausgestiegen war, fragte mich ein junger Soldat: »Fräulein, wo wollen Sie denn hin?« Da habe ich ihm meine Fahrkarte gezeigt, und er entgegnete, er komme aus Schorndorf und würde mir zeigen, wie ich nach Welzheim komme.

Er hat mich bis Schorndorf begleitet. Dort mußte ich umsteigen. Als ich dann die Klingenmühle sah, bin ich ausgestiegen und habe darauf gewartet, bis mich mein Vater abholte. Später kamen auch meine Mutter und mein Bruder dazu.

Ich habe damals 15 Mark in der Woche verdient. Davon habe ich mein Essen in der Kantine bezahlen müssen. Dort gab es jeden Tag Kraut mit Kümmel und Kümmel mit Kraut. Ich kann es heute noch nicht essen, aber für uns gab es nun mal nichts anderes. Wir waren ja bloß billige Arbeitskräfte, das kann man sich heute gar nicht mehr vorstellen. Nicht einmal Lebensmittelkarten haben wir bekommen. Nach Feierabend habe ich in der Kantine geholfen, um dafür ein bißchen mehr zu essen zu bekommen. Die zusätzliche Portion habe ich mit einer Russin geteilt. Ich schob ihr das Essen unter dem Stacheldraht durch. Sie tat mir leid; die die Russen bekamen noch weniger als wir. Sie waren ja Zwangsarbeiter; wir waren immerhin Fremdarbeiter. Die Russin war sehr nett und konnte fast alle Sprachen sprechen. Mit ihr habe ich mich sehr gut verstanden.

1944 besuchte ich Bekannte in Stuttgart, und ausgerechnet an diesem Tag wurde Stuttgart bombardiert. Mein Bekannter riet mir, ich solle im Keller bleiben, aber da war doch meine große Platzangst ... Weil wir am Montag wieder in Welzheim zur Arbeit mußten, aber nach dem Angriff weder in Stuttgart noch in Cannstatt ein Zug verkehrte, mußten wir zu Fuß bis nach Fellbach laufen, von wo aus der nächste Zug nach Welzheim fuhr.

1945 hätte ich zurück nach Frankreich gehen können, aber ich wollte nicht. Meine ganze Familie war ja hier. Nach dem Krieg wurde ich arbeitslos und bekam nirgends eine Stelle.

In der ersten Nachkriegszeit war auch kulturell wenig geboten. Wenn man erfuhr, daß irgendwo Tanz war, ist man schon mal zehn Kilometer hin- und zurückgelaufen, um sich das nicht entgehen zu lassen.

Von 1949 bis 1953 habe ich als Haushaltshilfe bei Familie Fischer-Bosch gearbeitet. Die waren ziemlich reich und hatten einen eigenen Swimmingpool, einen Gärtner und eine Putzfrau. Trotzdem waren sie nicht eingebildet. Mit den Kindern habe ich mich gut verstanden. 1953 heiratete ich meinen ersten Mann.

Als meine Tochter 1954 geboren wurde, kam gleich der katholische Pfarrer angerannt und wollte sie taufen. Er sagte aber, daß das nur möglich wäre, wenn sie im Taufbuch als lediges Kind registriert werden würde. Denn mein Mann war evangelisch und ich katholisch, und wir waren nicht kirchlich, sondern nur auf dem Standesamt getraut worden. Als dann aber der evangelische Pfarrer meinte, daß es für ihn kein Problem wäre, meine Tochter zu taufen, bin ich aus lauter Wut aus der katholischen Kirche ausgetreten.

Zwischen 1970 und 1983 habe ich bei SEL gearbeitet und dabei in die Kanalplatten der Telefonanschlüsse Widerstände eingesetzt. Diese Arbeit hat mir viel Spaß gemacht, und es war für mich auch nicht schlimm, wenn man samstags zur Auftragseinhaltung mal länger arbeiten mußte.

Nachdem ich Anfang 1983 von meinem Mann geschieden wurde, lernte ich Herrn Meißner kennen, den ich im Mai 1983 heiratete. Mit ihm zog ich dann nach Rot.

1989 mußte er wegen eines Herzleidens ins Krankenhaus. Ich besuchte ihn fast jeden Tag. Auch am 5. September war ich bei ihm im Krankenhaus. Ich hatte ihn gefüttert und sagte: »Du hast da noch einen Schokoladenpudding.« Darauf erwiderte er: »Ach, den eß' ich nachher. Ich muß jetzt mein Herz beruhigen.« Dann legte er sich zurück ins Kissen, verdrehte schrecklich die Augen und war tot ... Das ging so schnell. Auch die Ärzte konnten ihm nicht mehr helfen.

Danach war ich zu alt, um noch einmal zu heiraten. Als mein Bein noch in Ordnung war, bin ich immer in den Seniorenclub und zum Frauenkreis gegangen, aber das schaffe ich im Moment nicht mehr. Ich hoffe, daß es nach der Behandlung besser wird. Im Moment bin ich halt bei Großeinkäufen noch auf die Zivildienstleistenden angewiesen, aber ich bin sehr zuversichtlich, daß es wieder besser wird.

»Ich durfte niemandem erzählen, daß Frau Barewitz Jüdin war«

Von Meta Bräuning und Christine Rehklau

Kaethe hieß mit ihrem Mädchennamen John. Sie wurde am 20. September 1919 als viertes von insgesamt sieben Kindern – vier Mädchen und drei Jungen – in Hostmar in Thüringen geboren. Ihre Eltern besaßen dort einen Bauernhof, auf dem sie schon seit frühester Kindheit schwer mitarbeiten mußte, meistens 13 bis 14 Stunden am Tag.

Mit fünf Jahren kam sie in die Volksschule, die sie mit 14 Jahren beendete. Sie besuchte die Schule gerne. Rechnen, Schreiben und Lesen machten ihr Spaß, mit Naturkunde konnte sie allerdings nicht viel anfangen. Mit Gelegenheitsarbeiten verdiente sie sich zehn Mark im Monat.

Obwohl Kaethe in einer armen Zeit aufwuchs, mußte Familie John nie Hunger leiden. Sie tauschten Geflügel bei jüdischen Geschäftsleuten gegen Waren ein, die sie nicht selbst herstellen konnten. Die Großmutter lebte mit einigen Verwandten im Haus nebenan. Oft saß sie mit einer großen Schüssel Quark und einem selbstgebackenen Brot auf den Stufen ihres Hauses und verteilte an die Kinder des Dorfes Quarkbrote. Als die Oma starb, wurde das Haus nicht mehr gründlich geputzt.

Als Kaethe 18 Jahre war, starb ihr ältester Bruder, ein Klempnermeister, an einer Bleivergiftung. Die Trauergäste sollten im Haus der Verwandten unterkommen. Weil Kaethe sich für das schmutzige Haus schämte, putzte sie es. Dafür bekam sie nicht das erwartete Lob, sondern eine Tracht Prügel von ihrer Mutter.

Zur gleichen Zeit bekam ihre damals sechzehnjährige Schwester ein Kind. Kaethe begann damals ihre Ausbildung zur Gemeindeschwester in Jena. Wegen des Todes des Bruders und der ungewollten Schwanger-

Kaethe John (links) und Frau Barewitz 1948 im Altenheim in Erfurt

schaft ihrer Schwester mußte sie das Geld, das sie verdiente, zu Hause abgeben, um die Familie finanziell zu unterstützen. Ein Professor des Krankenhauses, in dem Kaethe gelernt hatte, bot ihr eine Arbeitsstelle bei einer gelähmten jüdischen Frau in Erfurt an. Sie nahm das Angebot an und zog 1939 bei dieser Frau ein.

Nun begann der Krieg und damit eine harte Zeit für Kaethe, vor allem auch deshalb, weil sie niemandem erzählen durfte, daß Frau Barewitz eine Jüdin war. Aus Sparsamkeitsgründen wurde in sämtlichen Haushalten der Stadt das Gas abgedreht. Doch Kaethe wehrte sich vehement. Da sie ohne Gas keine Gelähmte pflegen konnte, ging sie von Amt zu Amt, und die Behörden hatten schließlich ein Einsehen. Als einzige im Haus hatte sie nun noch einen intakten Gasanschluß und kochte von da an für alle Hausbewohner mit.

Kaethe Plep 1995

Als wieder einmal Fliegeralarm war, stand gerade das Essen auf dem Herd. Mit Hilfe eines anderen Hausbewohners war es Frau Barewitz und Kaethe möglich, im Keller Schutz zu suchen. Als beide zurückkehrten, hatte eine Luftmine die Tür des Gasherdes zerstört und den Topf mit Essen zerschmettert. Als die Luftangriffe zunahmen und niemand mehr bereit war, ihnen in den Keller zu helfen, beschlossen sie, diesen gar nicht mehr aufzusuchen.

1940 gingen beide Frauen nach Schönau zur Kur. Als sie zurückkamen, wohnte in ihrem Haus ein deutscher Offizier. Daraufhin mußten sie für ein Vierteljahr ins Hotel ziehen, welches sie zudem noch selber zu bezahlen hatten. Sie besaßen nun kein Telefon mehr, und essen konnten sie auch nur in der dazugehörigen Wirtschaft. Als sie sich heftig beschwerten, wurde ihnen eine Zwei-Zimmer-Wohnung in einem Altenheim zugeteilt.

Kaethe hatte außer zu Frau Barewitz während des Zweiten Weltkrieges auch zu anderen Juden Kontakt. Sie erzählt, wie sie einmal auf der Straße einen Bekannten traf und ihn begrüßen wollte. Um sie nicht in Gefahr zu bringen, wich er aus. Auch er war Jude, übrigens der Bruder von Albert Einstein. Im Februar 1945 beherbergte sie zwei gerade aus dem Konzentrationslager Auschwitz befreite polnische Juden. Die Geschichte des Jüngeren bewegt sie bis heute. Er mußte die im Lager vergasten Opfer verbrennen. Dafür bekam er eine Extraportion Brot. Davon gab er an einem Zaun seinen Eltern immer ein Stück ab. Doch eines Tages erschienen seine Eltern nicht mehr. Er erfuhr von einem Mitgefangenen, daß er sie kurz zuvor verbrannt habe.

Beide blieben nur etwa einen Monat bei Kaethe, dann bauten sie ein Haus, heirateten und wanderten wenig später nach Amerika aus. Kaethe war zweimal, 1938 und 1942, verlobt; beide Verlobte fielen im Krieg. Frau Barewitz starb 1957. Kaethe John schenkte alle ihre Sachen dem katholischen Krankenhaus.

Von da an wohnte sie erst einmal bei ihrer Schwester. Einer Abmachung mit ihrer Freundin folgend, zog sie dann zu dieser nach Leonberg. Dort wollte sie ihre Arbeit als Gemeindeschwester wieder aufnehmen. Da ihre Ausbildung nicht anerkannt wurde, ging sie zum Arbeitsamt, das ihr eine Stelle bei einer Familie vermittelte. Diese Familie suchte eine Haushaltshilfe, da die Mutter ganztags arbeitete. Sie nahm die Stelle an und stellte bald fest, daß die Mutter nachts als Prostituierte und der Vater als Teppichhändler arbeiteten.

Die vierjährige Tochter der Familie, Eva, litt an Keuchhusten. Wegen der hohen Behandlungskosten konnte die Familie Kaethe nicht mehr bezahlen. Aus Mitleid mit dem Kind arbeitete sie sodann in einem Café und versorgte die Familie mit. Am liebsten hätte sie Eva adoptiert, doch war ihr das aus finanziellen Gründen nicht möglich.

Eva kam nach Wien, wo ihr Keuchhusten behandelt wurde. Die Eltern verließen von heute auf morgen die Wohnung. Sie riefen Kaethe an und teilten ihr mit, daß sie nicht zurückkommen würden. Als dann der Gerichtsvollzieher vor der Tür stand, stellte sich heraus, daß sie hohe Schulden zurückgelassen hatten und auch mit der Miete weit im Rückstand waren. Die gesamte Habe wurde gepfändet, Kaethe wurden für den entgangenen Lohn die Gardinen zugestanden. Doch was sollte sie mit Gardinen anfangen, wo sie doch keine Wohnung hatte?

Durch eine Bekannte erfuhr Kaethe von einer freien Stelle in einer Metzgerei in Eltingen bei Leonberg. Sie bewarb sich und wurde sofort angestellt. Dort wohnte und arbeitete sie ein ganzes Jahr. Der Metzger, ein Witwer, hatte drei Kinder, die sehr an Kaethe hingen. Einen Heiratsantrag lehnte sie ab. Kurz darauf verließ der Metzger die Stadt, ohne sich zu verabschieden. Er stellte ihr jedoch noch ein gutes Zeugnis aus.

Wiederum durch Bekannte wurde ihr 1958 eine Stelle bei der Reinigung Büsing angeboten. 1965 heiratete Kaethe mit 46 Jahren Willi Plep, einen Kraftfahrer. Sie zog zu ihm nach Rot.

Insgesamt 17 Jahre arbeitete sie bei Büsing, bis sie plötzlich krank wurde. Sie war zur Behandlung 13 Wochen lang in der Psychiatrie in Göttingen. Als sich ihr Gesundheitszustand nicht besserte, zahlte ihr die

Krankenkasse eine sechswöchige Kur in Aweiler. Auch dieser Aufenthalt brachte keine Besserung. Mit 58 Jahren wurde sie zur Frührentnerin. Seitdem verbrachte sie den ganzen Tag mit ihrem Mann in ihrer Wohnung in Rot, bis er im März 1994 starb.

Wir kennen Kaethe nur als eine humorvolle, liebe, immer zu Späßen aufgelegte, junggebliebene alte Frau. Wir verstanden uns von Anfang an super mit ihr und hoffen, daß unsere Freundschaft noch lange bestehen bleibt.

Erdogan Akgün aus der Türkei

»Ich habe die deutsche Sprache unterschätzt.
Es war gar nicht so einfach, sie zu lernen«

Von Erik Schermann und Claudia Schinköthe

Mein Name ist Erdogan Akgün, und ich wohne in der Fleiner Straße. Ich bin im Südwesten der Türkei in der Provinz Afyon geboren. Das liegt zwischen dem Ägäischen Meer und dem Mittelmeer. Ich habe dort auch die ersten 16 Jahre meines Lebens verbracht. Meine Eltern hatten eine Wohnung in der Stadt Afyon, die damals ungefähr 3000 Einwohner hatte. Mein Vater war Gelegenheitsarbeiter und daher selten zu Hause. Auf der Suche nach einer besseren Arbeit ist er nach Deutschland ausgewandert und arbeitete dort als Hilfsarbeiter.

Meinen Großeltern gehörte ein Bauernhof außerhalb der Stadt. Bei ihnen verbrachte ich viel Zeit, besonders in den Sommerferien. Dort habe ich mitgeholfen und konnte natürlich auch nach Herzenslust spielen. Auf dem Bauernhof war immer etwas los, es gab dort Schafe, Kühe, Hühner – eben alles, was es auf einem Bauernhof so gibt.

Wir waren eine große Familie mit fünf Kindern. Wenn unsere Eltern bei der Arbeit waren, hat meine ältere Schwester auf uns aufgepaßt. Sie war für uns wie eine zweite Mutter. Sie war aber nicht nur für uns verantwortlich, sondern mußte nebenbei auch noch Teppiche knüpfen. Ich war das Nesthäkchen der Familie, und alle haben mich verwöhnt.

Damals sind wir noch alle in die Schule gegangen, erst auf die achtjährige Grundschule. Später besuchte ich das Gymnasium, was noch einmal drei Jahre dauerte. Ich wollte anschließend studieren. Mein Traum war, Arzt zu werden.

Daraus wurde leider nichts, denn mein damals schon in Deutschland lebender Vater wollte, daß wir zu ihm kommen. Für mich war das eine willkommene Gelegenheit, ein fremdes Land kennenzulernen.

Und so kam ich 1980 nach Deutschland, gerade mal 16 Jahre alt. Eigentlich habe ich mir das Leben hier leichter vorgestellt. Ich dachte, jetzt gehst du mal nach Deutschland, dort hast du bessere Chancen als in der Türkei, ein gutes Studium abzuschließen. Aber ich habe die deutsche Sprache unterschätzt. Es war gar nicht so einfach, sie zu erlernen. Ich mußte einige Sprachkurse besuchen, bis ich einigermaßen gut deutsch sprechen konnte.

Diese ganze Zeit über habe ich bei meinem Vater gewohnt. Das war schon eine große finanzielle Belastung für ihn, und so mußte ich meinen Traum vom Studieren aufgeben. Stattdessen holte ich den Hauptschulabschluß nach und machte später eine Lehre als Kraftfahrzeug-Mechaniker.

Jetzt arbeite ich bei Mercedes-Benz am Fließband. Es ist eine Arbeit wie jede andere, nicht besonders interessant, aber auch nicht langweilig. Man hat kaum Zeit, mit den Kollegen zu reden, und nach der Arbeit haben wir fast keinen Kontakt zueinander. Ich habe viele deutsche Freunde und Bekannte, aber eben nur außerhalb der Arbeit.

Irgendwann und eher zufällig habe ich dann meine Frau kennengelernt. Es ist komisch, daß wir uns gerade hier in Deutschland begegnet sind, obwohl wir beide aus Afyon kommen. Es mag einem Deutschen vielleicht fremd vorkommen, aber gefeiert wurde in einer großen Sporthalle mit etwa 500 Gästen.

Obwohl ich seit 15 Jahren in Deutschland lebe, gehe ich nach wie vor regelmäßig in die Moschee. Meinen Sohn nehme ich oft mit. Das gefällt ihm immer besonders gut. Er besucht zur Zeit die Vorschule und hat dort viele Freunde aus vielen Nationen gefunden.

Bis jetzt haben wir eigentlich keine Probleme mit der Ausländerfeindlichkeit gehabt. Wir wohnen inzwischen in einem Mehrfamilienhaus und können uns über unsere Nachbarn nicht beklagen.

Oft gehe ich auch in das Café Facette und helfe dort. Die Menschen, die ich dort treffe, sind sehr nett, und es macht mir Spaß, mit ihnen zusammenzusein.

Zere Elyas aus Eritrea

»Es gibt braune und weiße Schokoladeneier«

Von Ulrike Nell und Cornelia Thömmes

Familie Elyas gehört ursprünglich der griechisch-orthodoxen Kirche an. Sie hat vier Kinder, die alle in Deutschland geboren sind und evangelisch getauft wurden: Elena (1979), Winta (1983), Nazaret (1987) und Fannus (1991).

Die Eltern sind in dieselbe Grundschule gegangen. Zaid Elyas, die noch acht Geschwister hatte, mußte jeden Morgen acht Kilometer zur Schule laufen. Sie schloß die Mittlere Reife wegen des Krieges, der in Eritrea herrschte, nicht ab. Zere Elyas lernte Technischer Zeichner, schloß seine Lehre jedoch ebenfalls nicht ab. Seine Familie war in Eritrea für dortige Verhältnisse wohlhabend. Wegen des Krieges mußten sie fliehen.

Herr Elyas floh zehn Tage zu Fuß und mit einem Kamel in den Sudan, und von dort nahm er ein Flugzeug nach Deutschland. Das Ticket bezahlte sein Vater. Frau Elyas floh über Italien, und sie trafen sich dann wieder hier in Deutschland. 1978 wurden sie in Zirndorf als Asylbewerber anerkannt. Ihre Eltern und Familien blieben in Eritrea und kämpften weiter für die Unabhängigkeit.

1977 wohnten Herr und Frau Elyas in Kaiserslautern und kamen im Juni 1978 nach Bad Cannstatt. Dort blieben sie zwei Jahre; 1980 zogen sie dann nach Rot um. Bis jetzt hatten sie hier noch keine Schwierigkeiten. Frau Elyas erzählt uns, daß die Nachbarn sehr nett waren und ihnen geholfen haben. Vor allem eine alte Frau, die selbst Flüchtling war, hat viel Verständnis und Sympathie gezeigt.

Auch hatten sie keine Probleme, Arbeit zu finden. Herr Elyas arbeitete zuerst in einem US-Krankenhaus. Heute ist er als Lagerarbeiter in einem

Betrieb beschäftigt, während seine Frau eine Stelle bei einer Kindertagesstätte hat.

Die deutsche Sprache haben sie sich selber beigebracht. Ihre Traditionen haben sie teilweise den deutschen angepaßt, manche aber auch weitergeführt. So werden die Kinder deutsch und eritreisch erzogen. Ihr Essen kochen sie meist nach alter Art, aber auch deutsche Gerichte sind dabei. Nur scharf muß es sein. Apropos Essen: Hier bekommen wir einen Kuchen, der nach eritreischem Rezept gebacken ist und ausgezeichnet schmeckt.

Für Familie Elyas ist es sehr schwer, sich festzulegen, ob ihre Heimat nun in Rot oder in Äthiopien liegt. Obwohl die Kinder erst einmal – 1994 – in Äthiopien waren, fühlen sie sich auch dort zugehörig. Nach zwanzig Jahren Abwesenheit haben die Eltern wieder ihre ehemalige Heimat und die Familien besucht, nachdem Eritrea inzwischen unabhängig geworden ist.

Herr und Frau Elyas wissen nicht, ob sie zurückgehen sollen. Sie helfen ihren Familien finanziell, denn Eritrea ist noch nicht wieder aufgebaut. Die Regierung ist nicht stark genug. Es mangelt an Ausbildungsmöglichkeiten in Eritrea.

Frau Elyas hat zwei Cousins und fast alle Schulkameraden im Krieg verloren. Ihre Geschwister leben über die ganze Welt verteilt.

Wir fragen die Familie, ob sie hier in Rot denn schon Erfahrungen mit Fremdenfeindlichkeit gemacht habe.

Frau Elyas erzählt uns lachend eine Begebenheit aus dem Kindergarten. Die Tochter wurde von anderen Kindern als »Schokoladenei« bezeichnet und verstand nicht, was das zu bedeuten hatte. Die Mutter gab ihr die Erklärung: »Es gibt braune und weiße Schokoladeneier.« Damit war die Sache erledigt. Heute nehmen die Kinder Beschimpfungen nicht mehr so ernst oder wissen einfach, daß diejenigen, die so etwas sagen, geistig unterentwickelt sind. Aber die Angst der Familie vor Angriffen ist in den letzten Jahren stärker geworden.

Die Wohnung ist mit eritreischen Gegenständen ausgeschmückt, schöne Handarbeiten und Schnitzereien sind darunter. Die Kinder gehen sonnabends in eine eritreische Schule, wo sie die 700 Buchstaben umfassende Schrift lernen. In Rot leben viele Eritreer, zu denen sie auch Kontakt haben.

Zaid, Elena, Nazaret, Winta, Fannus und Zere Elyas in ihrer Wohnung in Rot, 1995

Die älteste Tochter, die jetzt die zehnte Klasse der Realschule in Freiberg besucht, will auf jeden Fall hier ihre Ausbildung machen. Vielleicht geht sie später nach Eritrea zurück, um beim Aufbau zu helfen.

Wir haben das Gefühl, daß sie alles in allem ganz glücklich in Deutschland sind. Aber irgendwann, wenn ihre Kinder groß sind, werden die Eltern in ihre Heimat zurückkehren.

Die ganze Familie war sehr gastfreundlich und nett zu uns.

Da vielleicht nicht jeder die Geschichte Eritreas kennt, wollen wir kurz seine Entwicklung aufzeigen.

Eritrea war seit dem vergangenen Jahrhundert eine italienische Kolonie. 1941 kam es unter britische Militärverwaltung und wurde dann von der UNO als autonome Einheit in eine Konföderation mit Äthiopien gedrängt.

Äthiopien war erst kaiserlich, dann kommunistisch. Es verleibte sich 1962 kurzerhand Eritrea ein und scherte sich nicht um die UN, denn Eritrea war ein lukratives Geschäft: Das Land war damals bereits weit entwickelt. Ein Drittel der industriellen Produktion von Äthiopien wurde im annektierten Norden erzeugt. Aber bereits Anfang der sechziger Jahre gab es bewaffneten Widerstand gegen die Besatzer.

1975 bis 1977 hatten die Befreiungskämpfer fast ganz Eritrea in der Hand. Aber das Blatt wendete sich schnell, nachdem die Sowjetunion den neuen Verbündeten in Addis Abeba (Äthiopien) schwere Waffen geliefert hatte. Die eritreische Befreiungsorganisation heißt EPLF. Sie veranstaltete 1982 in Bologna einen Europakongreß. Im Mai 1991 endete der Krieg schließlich mit der Unabhängigkeit von Eritrea.

»Mit Bestechung konnte man in Rumänien alles erreichen«

Von Meta Bräuning und Christine Rehklau

Alfred Groß wurde am 4. Januar 1957 in Heltau in Siebenbürgen (Rumänien) geboren. Er wuchs in einer Großstadt auf, aber seine Oma hatte einen Bauernhof mit vielen Tieren, umgeben von Wald und Wiesen. Mit seinem Bruder verlebte er dort eine glückliche Kindheit.

1975 lernte er Margaretha Seiler bei der Taufe eines ihrer Cousins kennen. Schon am 28. August 1976 heirateten sie. Margaretha Seiler wurde am 3. Februar 1959 in Stolzenburg geboren, wohin das junge Paar nach seiner Hochzeit zog.

Zwischen 1977 und 1984 bekamen sie vier Kinder, drei Jungen und ein Mädchen.

In Rumänien konnte man zu dieser Zeit alles erreichen, wenn man nur genug Geld für die Bestechung locker machte. Nach dem Sturz Ceaucescus rief der deutsche Außenminister Hans-Dietrich Genscher zur Rückkehr in die »Heimat« auf. Wie viele andere packte auch Familie Groß ihre sieben Sachen und machte sich auf den Weg in das von allen so gelobte Land.

Am 25. Juni 1990 verließen Alfred Groß, seine Frau und die vier Kinder Stolzenburg. Die sechs wurden zuerst in das Hauptaufnahmelager in Nürnberg gebracht, in dem sie nur einen Tag blieben. Von dort aus kamen sie nach Neubiberg. Dort wohnten sie zwei Wochen lang in einer Offizierskaserne. Es war die schönste Station auf ihrer Odyssee. Einen Tag verbrachten sie noch in Tübingen, bevor ihnen im Juli 1990 ein Platz in der Turnhalle des Ferdinand-Porsche-Gymnasiums in Rot zugewiesen wurde.

Dort wohnten sie auf engstem Raum mit vielen anderen anderen Familien. Sie lebten dort Stockbett an Stockbett, ihren Bereich nur mit einem Vorhang abgetrennt. Nach dem guten, selbstgekochten Essen in früheren Zeiten mußten sie sich nun an Fertigkost und Kantinenessen aus Plastiktellern gewöhnen.

Nach vier Monaten in der Turnhalle bewarb sich Frau Groß um die Stelle als Hausmeisterin im Comenius-Haus und wurde eingestellt. Auch Herr Groß fand bald eine Arbeitsstelle.

Heute vermißt er den Zusammenhalt der Menschen untereinander und deren Hilfsbereitschaft. In der anonymen Atmosphäre der Großstadt ist das zwischenmenschliche Klima wesentlich kälter. Trotzdem bereuen weder die Kinder noch die Eltern ihren Entschluß, hierhergekommen zu sein. Die freie Meinungsäußerung ist ihnen wichtig und daß sie sich mehr leisten können als in Rumänien.

Grit Lachmund aus Ostberlin

»Die Öffnung der Mauer brachte mir zunächst Arbeitslosigkeit«

Von Martin Frey

Beim Rückblick erscheint mir mein Leben wie ein fortwährender Neubeginn. – Geboren wurde ich ein Jahr nach dem Mauerbau in der Stadt, die zum Symbol für ein geteiltes und wiedervereinigtes Land wurde. Dort habe ich Laufen und Sprechen gelernt, habe meine Kindheit verbracht. In dieser Stadt, »meiner« Stadt, wurde ich zum ABC-Schützen. Ein großer Tag in meinem kleinen Leben. Stolz und aufgeregt schleppte ich die prall gefüllte Schultüte durch den strömenden Regen. Mit großen, leuchtenden Augen bestaunte ich eines der modernsten Schulgebäude Ostberlins. Beeindruckend für mich als Stadtkind waren die im Schulkomplex integrierten Terrarien, in denen die verschiedensten Lurche und Kriechtiere lebten, aber auch Kaninchen und Meerschweinchen. Später hat es Tage gegeben, an denen ich mit plattgedrückter Nase stundenlang das Treiben der Tiere beobachtete und darüber das Stundenklingeln überhörte.

Schaue ich zurück auf meine Schulzeit, denke ich an Freundinnen, Freundschaften, die bis heute lebendig geblieben sind; an eine wunderbare Deutschlehrerin, die das Interesse und die Neugierde für Literatur in mir weckte; an Magendrücken und Daumennagelbeißen bei Klassenarbeiten; schließlich an mein Ringen um einen Platz auf der Erweiterten Oberschule, für den es nicht nur galt, den entsprecht guten Notendurchschnitt, sondern auch das »richtige« Geschlecht zu haben. Heute würde man sagen: Es gab so eine Art Jungenquote, die vorschrieb, Angehörige des männlichen Geschlechts bei der Vorauswahl fürs Studium zu bevorzugen, auch wenn sie im Notendurchschnitt nicht besser waren als die

Grit Lachmund

Mädchen. Im Alter von vierzehn Jahren konnte ich endlich auf diese Schule wechseln.

Das Schulgebäude, eine ehemalige Offiziersschule aus dem vorigen Jahrhundert mit einer Aula, die im Zweiten Weltkrieg zerbombt worden war und ihre Metallträger nun noch immer gen Himmel streckte, bestand aus unzähligen langen Gängen, in denen die Schritte nur so hallten, und ebenso vielen Türen. Ich fühlte mich dort sehr einsam und verlassen. Mit dem Abitur hatte ich 1982 meine Hochschulzulassung in der Tasche und fuhr nach Halle.

Meine Freude über den Studienplatz in der Chemiestadt war nicht gerade überschäumend. Auch die Aussicht, eine Studentenwohnung mit drei weiteren Kommilitonen teilen zu müssen, ließ mich nur mit Grauen an die nächsten Jahre denken. Doch meine Befürchtungen zerstreuten sich bald. Die Chemiestadt zeigte sich gar nicht so übelriechend nach Chemikalien. Im Gegenteil: Es roch oft nach Kaffee, da dort der berühmte »Mocca-Fix« geröstet wurde. Halle hatte eine wunderschöne, wenn auch heruntergekommene Altstadt mit unendlich vielen kleinen Cafés, wo ich in den Vorlesungs- und Seminarpausen meinen großen Kaffeedurst stillen konnte.

Ich erinnere mich an meinen »Stammtisch« im Lesesaal der Universitätsbibliothek und an viele aufrüttelnde Gespräche mit dem Bibliothekar, der, wie ich Jahre später erfuhr, Mitglied der Oppositionsbewegung in der DDR und Mitbegründer des Neuen Forums war. Heute erscheint mir im Rückblick die Zeit in Halle als eine Zeit der Offenheit und der geistigen Orientierung, die mich geprägt hat.

Dem Neubeginn in Halle folgte der Neuanfang in Berlin. Ich wechselte nach zwei Jahren die Universität und beendete 1987 mein Studium der Wirtschaftswissenschaften. Ich war an den Ort meiner Kindheit zurückgekehrt und hatte eine Tätigkeit als Dozentin für Ökonomie am Internationalen Jugend-Zentrum aufgenommen. Hier traf ich auf junge Menschen aus den verschiedensten Ländern und hatte Gelegenheit zur offenen Diskussion, was keine Selbstverständlichkeit war in der damaligen DDR.

Dabei machte ich die Erfahrung, wie wichtig es ist, tolerant zu sein, einander zuzuhören und andere Meinungen zu respektieren.

Die Öffnung der Mauer im Jahre 1989 brachte mir zunächst zweierlei. Zum einen Arbeitslosigkeit, das Gefühl der Nutzlosigkeit und des Nichtgebrauchtwerdens, mit dem ich lernen mußte umzugehen; zum anderen jedoch die Erfüllung eines alten Traums – eine Reise nach Afrika. Voller Neugier und Hoffnung trat ich die Reise an, aber tief betroffen und irritiert von dem, was ich gesehen hatte, kehrte ich in das nun bereits vereinte Deutschland zurück.

Das Kennenlernen meines Lebensgefährten brachte mir einen weiteren Neubeginn. Ich zog zu ihm nach Stuttgart-Rot. Hier begann ich, meinen in Afrika gefaßten Entschluß umzusetzen, und nahm dazu eine Tätigkeit im Afrikareferat des Evangelischen Missionswerks von Südwestdeutschland auf.

Neue Bekannte und Freunde sind hier in mein Leben getreten, und ich versuche, meine anfängliche Sehnsucht nach altbekanntem, nach meiner Sprache, nach vertrauten Gerüchen zu vergessen. Ich wünsche mir mehr Gelassenheit und Humor für die Menschen hier und weniger Oberflächlichkeit in den Beziehungen.

Wilfried Schindler aus dem Sudetenland

»Ich führe jetzt ein einigermaßen geregeltes Leben«

Von Meta Bräuning und Christine Rehklau

Wilfried Schindler wurde 1937 im Sudetenland als drittes von acht Kindern, sechs Mädchen und zwei Jungen, geboren. Seine Kindheit war nicht einfach. Von seinem Vater wurde er oft geschlagen, und auch seine Mutter konnte ihm keine Liebe schenken.

Mit fünf Jahren begann er, die Schrecken des Krieges bewußt zu erleben. 1943 wurde das Haus der Schindlers von einer Bombe getroffen. Wilfried wurde durch die Detonation gegen eine Mauer geschleudert. Glücklicherweise erlitt er dabei keine größeren Verletzungen. Seine Mutter jedoch wurde verschüttet. Daraufhin mußte ihr ein Bein abgenommen werden.

Seit einem Autounfall war sein Bruder geistig behindert. Auf einen Befehl Hitlers hin wurden alle Behinderten des Dorfes zur Kur geschickt, so hieß es jedenfalls. Wilfried stand noch lange am Bahnsteig und winkte dem Bruder nach. Er sollte ihn jedoch niemals wiedersehen, denn der Zug kam nie am Kurort an. Auf Nachforschungen seiner Mutter hin erfuhren sie, daß der Bruder »vergast«, also mit Gas ermordet worden war.

Es kam 1945, das Jahr der Vertreibung.

Die Familie wurde mit vielen anderen Flüchtlingen in Viehwaggons verladen. Während der langen, häufig unterbrochenen Fahrt gab es kaum etwas zu essen, und auch die hygienischen Verhältnisse waren unvorstellbar schlecht; viele Menschen starben. Bei jedem Halt wurden die Toten hinausgeschafft. Für Wilfrieds kindliche Augen schienen sie lediglich zu schlafen.

Die Flucht endete in einem Lager in Zwickau (Sachsen). Der Vater wurde aufgrund seiner tätlichen Angriffe auf die Familie in ein Arbeitslager gesteckt.

Bad Kissingen war die nächste Station der Schindlers. 1949 kam ein Missionar dorthin, der den Kindern von der großen, weiten Welt erzählte. Dies begeisterte Wilfried derart, daß er von nun an den Wunsch hatte, Pfarrer zu werden. Statt dessen mußte er nach seiner Zeit im Lager auf einem Bauernhof arbeiten. Die Arbeit war hart, und die Bauersleute gaben ihm wenig Verpflegung.

Wilfried Schindler

1951 erhängte sich der Vater. In diesem Jahr begann Wilfried eine Lehre als Metzger, um überhaupt etwas zum Essen zu haben. Es setzte aber auch oft Schläge. An die Metzgerei angeschlossen war eine Gastwirtschaft, in welcher er oft Bier ausschenken mußte. In dieser Zeit begann er selbst zu trinken.

1962 lernte er seine spätere Frau kennen. Sie wohnte damals in Stuttgart. Bereits vier Wochen nach ihrem Kennenlernen zogen sie zusammen und heirateten. Die Eltern seiner Frau waren beide Akademiker und hatten einen Doktortitel.

Wilfried griff in der Folgezeit immer häufiger zur Flasche, weil er mit seiner Rolle als »Gestrauchelter« nicht mehr zurechtkam. Bald verlor er die Kontrolle über seine Trinkgewohnheiten. Deshalb kam es innerhalb der Familie immer häufiger zu Schwierigkeiten. Seine Frau ignorierte seinen Alkoholkonsum und sprach sich nie mit ihm aus.

1967 wurde seine Tochter geboren. Sie konnte keine Beziehung zu ihrem Vater entwickeln, da die Ehe ein Jahr später geschieden wurde. Nach der Scheidung wollte Wilfried Schindler eine Entziehungskur machen und danach seine Frau wieder heiraten. Doch die Kur hatte keinen Erfolg.

In der Zeit bis 1992 ging es mit ihm auf und ab. Zeitweise lebte Herr Schindler auf der Straße. Seine Tochter suchte ihn lange vergeblich. Erst nach fünfzehn Jahren fand sie ihren Vater. Dieses erfreuliche Ereignis warf ihn jedoch wieder so zurück, daß er erneut zu trinken begann.

Ein Kirchenbesuch gab Herrn Schindler neue Kraft. Er merkte, daß er ohne Alkohol besser ankam, und machte deshalb erneut eine Entziehungskur. Seither ist er »trocken«. Er wohnt im Immanuel-Grözinger-Haus, hat eine Arbeitsstelle bekommen und führt nun ein einigermaßen geregeltes Leben.

Die Mitglieder der Geschichtswerkstatt am Ferdinand-Porsche-Gymnasium Stuttgart und Verfasser dieses Buches. Hintere Reihe, von links: Dominik Scharnbeck, Ulrike Nell, Meta Bräuning, Cornelia Thömmes, Claudia Schinköthe; vordere Reihe: Stefan Borsos, Margarete Baxmann, Alexander Frohberg, Ulrich Pieper, Christine Rehklau, Erik Schermann, Martin Frey.

SILBERBURG-BÜCHER ZUM THEMA

Fritz Kaspar: Hanna, Kolka, Ast und andere. Stuttgarter Jugend gegen Hitler. Mit einem Geleitwort von Peter Steinbach. 300 Seiten, 18 Abbildungen.

Der jüdische Frisör. Auf Spurensuche: Juden in Stuttgart-Ost. Herausgegeben von der Stuttgarter Osten Lokalzeitung. 128 Seiten, 50 Abbildungen.

Andrea Hauser: Stuttgarter Frauen für den Frieden. Politik und Alltag nach 1945. Reihe »Frauenstudien Baden-Württemberg«, herausgegeben von Christel Köhle-Hezinger, Band 7. 100 Seiten, erscheint im Herbst 1995.

Harald Schukraft: Stuttgart damals – Stuttgart jetzt. 96 Seiten, 87 Abbildungen.

Harald Schukraft: Wie Stuttgart wurde, was es ist. Ein kleiner Gang durch die Stadtgeschichte von den Anfängen bis zur Gegenwart. Etwa 120 Seiten, ca. 50 Abbildungen, erscheint im Herbst 1995.

Renate Palmer: Der Stuttgarter Schocken-Bau von Erich Mendelsohn. Die Geschichte eines Kaufhauses und seiner Architektur. Reihe »Stuttgarter Studien«, Band 9. 240 Seiten, 150 Abbildungen.

»Restloser, verzehrender Einsatz für Deutschland«. Eine Schulklasse erlebt den Zweiten Weltkrieg. Das Rundbuch des Abiturjahrgangs 1940 der »Adolf-Hitler-Oberschule« Böblingen. Durch Dokumente ergänzt und erläutert von der Geschichtswerkstatt am Goldberg-Gymnasium Sindelfingen. 212 S., 180 Abb..

Stuttgart – Stadt im Wandel. Vom 19. ins 21. Jahrhundert. Herausgegeben von Andreas Brunold. Ca. 184 Seiten, 80 Abbildungen, erscheint im Herbst 1995.

Stuttgart – Von der Residenz zur modernen Großstadt. Architektur und Städtebau im Wandel der Zeiten. Herausgegeben von Andreas Brunold und Bernhard Sterra. 184 Seiten, 212 Abbildungen.

Resi Weglein: Als Krankenschwester im KZ Theresienstadt. Erinnerungen einer Ulmer Jüdin. Herausgegeben und mit einer Zeit- und Lebensbeschreibung versehen von Silvester Lechner und Alfred Moos. 228 Seiten, 62 Abbildungen.

Silberburg-Verlag

In jeder Buchhandlung. Prospekte: Schönbuchstraße 48, D-72074 Tübingen